“新财经”课程思政系列丛书

世界经济史课程思政案例集

主　编
张　志

编　委
冯鹏程　王　军
葛浩阳　郝芮琳

西南财经大学出版社
Southwestern University of Finance & Economics Press
中国·成都

图书在版编目(CIP)数据

世界经济史课程思政案例集/张志主编.—成都:西南财经大学出版社,2021.10
ISBN 978-7-5504-5043-1

Ⅰ.①世… Ⅱ.①张… Ⅲ.①思想政治教育—教案(教育)—高等学校
Ⅳ.①G641

中国版本图书馆 CIP 数据核字(2021)第 175461 号

世界经济史课程思政案例集
主编:张志
编委:冯鹏程　王军　葛浩阳　郝芮琳

责任编辑:李晓嵩
助理编辑:金欣蕾
责任校对:王青杰
封面设计:何东琳设计工作室
责任印制:朱曼丽

出版发行	西南财经大学出版社(四川省成都市光华村街55号)
网　　址	http://cbs.swufe.edu.cn
电子邮件	bookcj@swufe.edu.cn
邮政编码	610074
电　　话	028-87353785
照　　排	四川胜翔数码印务设计有限公司
印　　刷	四川五洲彩印有限责任公司
成品尺寸	185mm×260mm
印　　张	11.25
字　　数	201 千字
版　　次	2021 年 10 月第 1 版
印　　次	2021 年 10 月第 1 次印刷
印　　数	1— 2000 册
书　　号	ISBN 978-7-5504-5043-1
定　　价	35.00 元

出版说明

为深入贯彻落实习近平总书记关于教育的重要论述和全国教育大会精神，贯彻落实中共中央办公厅、国务院办公厅《关于深化新时代学校思想政治理论课改革创新的若干意见》，把思想政治教育贯穿人才培养体系，全面推进高校课程思政建设，发挥好每门课程的育人作用，提高高校人才培养质量，教育部印发了《高等学校课程思政建设指导纲要》（以下简称《纲要》）。《纲要》指出，全面推进课程思政建设是落实立德树人根本任务的战略举措。培养什么人、怎样培养人、为谁培养人是教育的根本问题，立德树人成效是检验高校一切工作的根本标准。课程思政建设是全面提高人才培养质量的重要任务。

为全面贯彻新时代党的教育方针，落实立德树人根本任务，国家教材委员会印发了《习近平新时代中国特色社会主义思想进课程教材指南》，明确要求把习近平新时代中国特色社会主义思想有机融入课程教材。《"党的领导"相关内容进大中小学课程教材指南》首次就"党的领导"相关内容融入课程教材作出整体设计，对于深入推进习近平新时代中国特色社会主义思想进教材、进课堂、进头脑具有重大意义。

根据相关文件精神，西南财经大学于 2021 年成立课程思政研究中心。为切实落实本科专业类教学质量国家标准和一流专业建设的基本要求，充分发挥教材在课程思政建设中的关键作用，打造课程思政精品教材体系，西南财经大学课程思政研究中心组织金融学院、保险学院、经济学院、工商管理学院、会计学院、财政税务学院、统计学院、经济信息工程学院、法学院、国际商学院、公共管理学院、经济数学学院、经济与管理研究院等出版了课程思政系列丛书（以下简称"丛书"）。

丛书以习近平新时代中国特色社会主义思想为指导，紧紧围绕教学导向“准”、育人格局“全”、思政元素“齐”、覆盖范围“广”、教学团队“强”的目标，围绕国家、区域以及学校课程思政建设的发展要求，深入挖掘各类课程和教学方式中蕴含的思想政治教育资源，致力于加快构建中国特色哲学社会科学学科体系、学术体系、话语体系，帮助学生了解经管类学科专业知识和行业领域的国家战略、法律法规和相关政策，引导学生深入社会实践、关注现实问题，培育学生经世济民、诚信服务、德法兼修的职业素养。丛书以案例集、教学指南等形式，教育引导学生把国家、社会、公民的价值要求融为一体，提高个人的爱国、敬业、诚信、友善修养，自觉把小我融入大我，不断追求国家的富强、民主、文明、和谐，倡导社会的自由、平等、公正、法治，将社会主义核心价值观内化为精神追求，外化为自觉行动；教育引导学生深刻理解中华优秀传统文化中讲仁爱、重民本、守诚信、崇正义、尚和合、求大同的思想精华和时代价值；教育引导学生传承中华文脉，富有中国心、饱含中国情、充满中国味；教育引导学生深刻理解并自觉践行各行业的职业精神和职业规范，增强职业责任感，培养遵纪守法、爱岗敬业、无私奉献、诚实守信、公道办事、开拓创新的职业品格和行为习惯，着力培养具有社会责任感、创新精神和国际视野的财经领域卓越人才。

丛书涵盖西南财经大学国家级重点学科和一流本科专业，作者包括西南财经大学国家级教学团队成员和其他资深教师。丛书经过作者反复斟酌研讨、倾力编撰而成，将思想政治教育寓于教学之中，让学生在学习专业知识的同时，增强“四个意识”，坚定“四个自信”，自觉做到“两个维护”，深入推进习近平新时代中国特色社会主义思想进教材、进课堂、进头脑。

西南财经大学课程思政研究中心

前言

2016年12月，习近平总书记在全国高校思想政治工作会议上明确提出，“其他各门课都要守好一段渠、种好责任田，使各类课程与思想政治理论课同向同行，形成协同效应”，从而要“把思想政治工作贯穿教育教学全过程，实现全程育人、全方位育人，努力开创我国高等教育事业发展新局面”。习近平总书记的指示既为课程思政的进一步发展指明了方向，又为课程思政的进一步建设提供了有力支持。在课程思政建设中，我们将牢牢抓住培养德、智、体、美、劳全面发展的社会主义建设者和接班人这一目标，坚持为党育人、为国育才，充分挖掘和发挥各门课程的思想政治教育功能，积极推动课程思政与思政课程同向同行。人才培养是本，本科教育是根。思想政治教育是高等学校教书育人的重要组成部分，是对大学生进行理想信念教育的重要途径。

习近平总书记曾经强调，办好思想政治理论课，最根本的是要全面贯彻党的教育方针，解决好培养什么人、怎样培养人、为谁培养人这个根本问题。本科教育教学高度依赖教材建设，我们在选用马克思主义理论研究和建设工程重点教材的同时，也需要做好相应的课程思政案例库的建设。本案例集编写组始终坚持以马克思列宁主义、毛泽东思想、邓小平理论、“三个代表”重要思想、科学发展观以及习近平新时代中国特色社会主义思想为指导，旨在贯彻落实全国教育大会、新时代全国高等学校本科教育工作会议精神，扎实推进课程思政案例集建设。我们在编写的过程中，始终坚持以下三个原则：一是始终以切实提升学生的思想认识和政治觉悟为目标。编写组将马克思主义基本立场、观点、方法贯穿于案例集始终，以确保正确的政治方向、价值取向和学术导向；始终坚持以习近平新时代中国特色社会主义思想铸魂育人，并充分发挥基层教学人员的作用。二是以让学生融会贯通所学知识为己任。编写组以马克思主义理论研究和建设工程重点教材为基准，立足党的百年历史新起点、统筹中华民族伟大复兴战略全局和世界百年未有之大变局、为培育广大青年学生们满怀信心积极投身于全面建设社会主义现代化国家而精心选取思政案例，继而深入挖掘思政元素，将思政元素和案例内容有机融合起来，打造经济史课程思政典型案例。三是坚持扎根于中国大地。编写组立足中国实践、聚焦中国问题，用中国理论阐释中国实践，用中国实践升华中国理论，以此来选取和编写课程思政案例。

我们在授课过程中发现，如果单纯就经济史讲经济史，那么其思想政治教育的效果将难以达到预期目标，存在着与党和国家的大政方针的联系程度不够紧密等问题，因此我们有必要从党和国家的大政方针以及领导人的讲话中，挖掘思政元素，以此来凸显出经济史的课程思政内容。为此，我们在编写案例集的过程中，构建了经济史课程思政的教学体系：以思政元素为引领，以教材内容为主线，以思政案例为基础，以教书育人为初心，以传道授业为使命，以价值塑造为目的，以成长成才为核心，以经济史实为依据，以中外比较为准绳，以融会贯通为目标，以经世济民为己任，以孜孜以求为路径。我们通过体系化的课程思政教育教学，落实立德树人根本任务，将价值塑造、知识传授和能力培养三者融为有机整体，全面推进课程思政建设，寓价值观引导于知识传授和能力培养之中，帮助学生塑造正确的世界观、人生观、价值观。在立德树人的工作中，价值比能力和知识更加重要，价值塑造是育人工作的第一要务。因此，我们要将价值塑造的思政元素有机地融入能力培养和知识传授之中，充分挖掘经济史课程所蕴含的思政元素，做到春风化雨、沁人心田，切实达到育人成效。课堂教学是课程思政建设的出发点和落脚点，课程思政建设要在课堂教学各个方面、各个环节中落地落实。我们将重点围绕着政治认同、家国情怀、文化素养、宪法法治意识、道德修养等方面优化案例集。为此，我们在编写过程中始终坚持着以下“五个相结合”：

第一，思政元素和历史事件相结合。编写组根据价值塑人的导向，从经济史实中精心挑选思政案例，深入挖掘思政元素，联系党和国家的大政方针、主要领导人的讲话内容以及马克思主义经典作家的精辟论断等，将思政元素和历史事件有机结合起来，形成一个有机统一体。

第二，教材内容和思政内容相结合。教材内容是思政内容的载体，思政内容是教材内容的升华，将两者有机结合起来，能够更好地贯彻落实党中央关于思想政治教育的要求。我们在课程体系的设计中，牢牢抓住教材内容深度挖掘思政内容，同时也以思政内容来升华教材内容。

第三，学术研究和课堂教学相结合。教学相长是我们编写本案例集的重要出发点之一。编写组在编写案例集的过程中，紧抓一条逻辑主线，即力争将最新的学术研究成果介绍到案例集中来，将学术研究成果融入课堂教学中。为此，编写组节选改编了大量学术论文，以增强学生的学术研究意识。

第四，学术术语与趣味介绍相结合。本案例集所选取的案例，既有展开深入研究的学术成果，又有关于历史事件的趣味介绍，将这两者结合起来，既有助于提升学生的学习兴趣，也便于授课教师研讨相关知识点。

第五，经济史实与经济理论相结合。经济史的课程思政案例集，必然会涉及经济史实和经济理论的自洽问题。本案例集也在积极探索经济史实和经济理论的内在逻辑，试图把经济理论的形成和发展，与所处的历史环境和背景结合起来。

编写组以马克思主义理论研究和建设工程重点教材《世界经济史》各章节的重点内容为参照，在每一章都精心选取两个高度相关的课程思政案例，并精心提炼思政元素，以服务于课程思政建设目标。每个案例分为三部分：思政元素、案例内容、案例评析。在此说明一下，马克思主义理论研究和建设工程重点教材《世界经济史》的内容中包含有中国经济史内容，其中提到“本书将中国的发展嵌入世界经济发展中，丰富了世界经济史的研究视角和内容”。因此，为了使本案例集与《世界经济史》的体系保持一致，我们也选编了一些中国经济史的课程思政案例。

在此，我们有必要澄清一个事实，本案例集中的案例节选改编自其他学者的已有研究成果。我们围绕着教学相长的目标，将科研成果融入课堂教学。由于编者能力有限，仍有部分研究者未能够及时联系上，但在每个案例结尾处都附带有案例出处，如涉及版权和研究观点等各方面的问题，敬请联系 zhangzhi8911@ 126.com。我们将在后续的修订过程中，进一步优化相关内容。此外，我们将根据出版合同所约定的稿酬标准，给每一位原著者奉上稿酬，稿酬虽然微薄，但也是我们尊重原创性研究成果的一种表示。在此向授权我们节选改编其研究成果的学者们致以衷心的感谢！你们的研究成果为我们加强课程思政建设奠定了坚实基础，我们在此深表谢意！

张志

辛丑初夏书于西南财经大学格致楼

目录 CONTENTS

绪论

思政元素：

2019年1月2日，习近平总书记在致中国社会科学院中国历史研究院成立的贺信中强调："历史是一面镜子，鉴古知今，学史明智。重视历史、研究历史、借鉴历史是中华民族5 000多年文明史的一个优良传统。当代中国是历史中国的延续和发展。新时代坚持和发展中国特色社会主义，更加需要系统研究中国历史和文化，更加需要深刻把握人类发展历史规律，在对历史的深入思考中汲取智慧、走向未来。"习近平总书记为我们在新时代多读多学历史、活学活用历史指明了方向。

案例内容：

在现代社会，我们应当如何看待历史学的社会功能？这涉及史学界诸多人士的职业理念，更是一个重要的史学理论问题，值得认真思考与讨论。

治史宗旨与对史学功能的认识互为表里。自古以来，中国史学即强调以"经世致用"为宗旨。顾炎武说"引古筹今，亦吾儒经世之用"，言简意赅地道明了传统史学的经世观念。史学的经世致用主要包含两方面内容：一是坚持以史为鉴、以史教化所构成的史学资治信念，二是做出"以史明道"的学理建树。这种经世宗旨，与古人对历史学功能的认识互为表里。唐太宗赞叹说："大矣哉！盖史籍之为用也……彰善瘅恶，激一代之清芬；褒吉惩凶，备百王之令典。"唐代史学家刘知几也认为："史之为用，其利甚博，乃生人之急务，为国家之要道。"唯坚信史学具备如此巨大的社会功能，才会赋予历史著述以"将施有政，用乂邦家"的宏大期望，才会有"欲知大道，必先为史"的理念。因此，古人对史学功能的认识是与治史宗旨相统一的。在整个中国古代，传统史学以"资治"和"明道"这两大功能，对社会政治和社会思想发挥了重大影响。自西周初年产生"殷鉴"观念以来，"以史为鉴"这一历史观念就与现实政治联结在一起，即不仅从历史的叙述与分析中得出政治见解，而且引用历史事例来论证自己的政治方针。随后，在“以史翼经”和经史互动的机制上，以史“明道”成为中国古代理性思维的主要路径。所明之道涵括广大，“天道”“王道”“治道”以及基本的做人之“道”尽在其中，这些都离不开史学提供的历史例证。

“以史为鉴”尺度极难把握。在中国古代，传统史学发挥了积极的社会功能，这是显而易见的。经世致用这一史学宗旨与治史求真准则的对立统一，构成史学发展、兴盛的动力。然而，在传统史学发挥的经世功能中，也有巨大弊端。其一是政治方案的设计，淡化、排斥了对社会现实的调查研究，而过多地以历史事例为参照和指导。虽然这也会闪耀出思想火花，但难以解决实际问题。欲解决当时的社会问题，却不将研究社会实况置于首位，这是致命的逻辑错谬。其二是“以史为鉴”的运用，往往择取一个或几个历史事例，与现实社会问题进行比附。如果对所借鉴的历史事例的理解本就肤浅、片面甚至错误，又不计时代区别地进行附会，就很容易导致错误的结论。中国古代乱世多、治世少，政权兴亡屡屡重演。例如，三国时期，曹魏政权对同姓诸王防范压制，“不度先王之典，不思屏藩之术，违敦睦之风，背维城之义”，造成“委权异族”而国亡。西晋以此为鉴，分封诸王而各有兵权，却出现“八王之乱”。北宋以唐代藩镇割据为鉴戒，大削武官兵权，改变兵制，却导致军力软弱，屡屡丧权辱国。明朝建文帝以西汉“七国之乱”为鉴戒，力行削藩，则导致“靖难之役”而败亡。可见，“以史为鉴”的尺度极难把握，在古代也并非绝对可以信赖。近现代时期，世界局势和中国国情变化日新月异，新事物、新理念不断涌现，以往的历史难以提供真正可作为比拟的范例。近代以来，形成了多门类的学科，各有特色、各具优长，已非古代那种“盈天地间凡涉著作之林，皆是史学”的状况。解释和解决现实问题，需要多种学科参与，“以史为鉴”已经不能独立肩负起经世致用的重任。一些具有重大影响的社会运动，如洋务运动、维新变法、辛亥革命、新民主主义革命等，虽性质不同，收效各异，但基本上属于某种先进思想与现实结合的社会实践，并非从传统的史学经世或“以史为鉴”理念推衍而来。因此，如何认识史学的社会功能，值得认真反思。许多当代学者仍然夸大史学的社会功能，摆脱不了传统的思维套路，显得不合时宜。对史学功能的认识需要与时俱进。现代社会的迅速发展，已经改变了诸多旧有观念。不言而喻，史学界关于史学社会功能的观念，也需要与时俱进，重新研讨、重新定位。

第一，虽然历史学不能独立充当解决现实问题的灵丹妙药，但仍是理性思维的源泉之一。史学应与其他学科一起，致力于提高各阶层人民的素质和智慧，既包括领导者的能力和气度，也包括民众的聪明与才智。洋务运动、维新变法、辛亥革命、新民主主义革命等社会实践，虽然不是得自史学的经世功能，但其中杰出人物的行为饱含着源于史学的智慧和素质。现代史、当代史上的经验和教训，具有“以史为鉴”的作用。不过，在具体方针和政策的制定方面，史学不能不逊位于其他学科，仅能起到辅助作用。因此，以史为鉴的“史”，不应当再是具体的、随意抽出的史事，而应是深入研究历史得出的学术成果的综合和科学性的历史认识；也不能将“鉴”理解为直观反映影像的镜子，而应当引申为对事物的观察能力、研判能力，避免将具体历史事例做跨时代的简单比附。这是当今实行“以史为鉴”的关键。

第二，现代史学的学科本质是一门学术，基本理念是求真、求是和创新。史学提供的知识在各个领域都可能发挥作用，但其根本立足点则是学术领域。只要史学研究在学术上做到求真、求是和创新，就一定会促进全民族文化素质和智慧的提高，这是最根本的社会效能。当下，已经不必以偏狭的“经世致用”作为史学的宗旨，因为把历史知识直接运用于政治等领域的活动，已不属于历史学的范围。

第三，转变对史学社会功能的认识，绝不是轻视史学。相反，整个社会的历史意识亟待强化，这是继承和发扬中国优秀文化传统的支点之一。自古以来，中华民族就具有极强的历史责任感，对各种人物和社会事件的历史评价，被视为最终的评判。对于人生而言，史学包含着压倒宗教信仰的终极关怀，其正面导向作用不可小觑。我们须将对人民负责的敬业精神与历史责任感结合起来，具备重视历史评价的人生终极价值观。与此相应，通过加强史学建设，探寻广泛、深入和不同层次的历史评价机制，应当成为精神文明建设中认真加以解决的问题。

案例评析：

经世致用是中国史学最悠久的优良传统。“立时代之潮头，通古今之变化，发思想之先声”，是历代史学家念兹在兹的立身、立学之本，是中国史学不断成长、持续繁荣的源泉和动力。经世致用饱含着史学家“为天地立心，为生民立命”的情怀，体现着史学家“为往圣继绝学，为万世开太平”的追求。

（选自乔治忠的《继承发扬中国史学经世致用优良传统》）

第一章　古代世界的奴隶制经济

思政案例一

思政元素：

马克思在《资本论》中强调，“掠夺教会地产，欺骗性地出让国有土地，盗窃公有地，用剥夺方法、用残暴的恐怖手段把封建财产和克兰财产转化为现代私有财产——这就是原始积累的各种田园诗式的方法。这些方法为资本主义农业夺得了地盘，使土地与资本合并，为城市工业造成了不受法律保护的无产阶级的必要供给”。

案例内容：

马克思曾说到“‘光荣革命’把地主、资本家这些谋利者同奥伦治的威廉三世一起推向了统治地位。他们开辟了一个新时代，使以前只是有节制地进行的对国有土地的盗窃达到了巨大的规模。这些土地被赠送出去了，被非常便宜地卖掉了，或者被用直接掠夺的办法合并到私人地产中去了”。中世纪，英国的土地制度是在封土制基础上运作的，国王是最高的封主，国王分封领地，领主通过向国王宣誓效忠领有土地，之下又有小领主对大领主、农奴向小领主依次宣誓效忠取得土地，他们分别享有对土地的保有权。在欧洲一些国家中，封建生产的特点是土地发给尽可能多的臣属。由此可见，英国土地制度实际上是一种经济上的“三权分立”，即国王拥有土地的所有权，领主或封建主拥有土地的占有权，农奴或佃农拥有使用权。其核心是占有权或“封建权利”。以欺骗的方法攫取国有土地，实际上就是将英国女王土地名义所有权转化为现代私有权。

马克思说，“在宗教改革的时候，天主教会是英国相当大一部分土地的封建所有者”，“很大一部分教会地产送给了贪得无厌的国王宠臣，或者非常便宜地卖给了投机的租地农场主和市民，这些人把旧的世袭佃户大批地赶走，把他们的土地合并在一起”。教会所有权是古老土地所有权关系的壁垒，宗教改革打破了这一壁垒，实际上是世俗的“王权”战胜了宗教的“神权”。但至少有一点可以判断，教区的农民不是土地的所有者，只不过是土地世袭的使用者。

一项研究表明，英国的自耕农包括自由持有农和公簿持有农。自由持有农，从国王那里领取份地，因而“小农户仍然遍布全国，只是在有些地方穿插有较大的封建领地”。公簿持有农，从领主那里取得份地，“在较大的封建领地上，过去本身也是农奴的管事，被自由的租地农场主排挤了”。在马克思看来，甚至那些人数不多的真正的雇佣工人阶级，实际上也是自耕农，因为除了工资以外，他们还分得一些耕地和小屋。此外，他们又和真正的农民共同利用公有地。由此可以看出，对于英国自耕农土地要一分为二。“自由的自耕农的所有权还隐藏在封建的招牌后面”，所有权属于国王，他们和大大小小的领主一样拥有土地实际占有权，而公簿持有农则只拥有土地的使用权或租佃权。

对于中世纪英国“公有地”大致有两种说法：（1）克拉克认为，在一年中只要有部分时间能够被“集体控制”的土地都称为“公地”。例如，敞田就是公地，因为在一年中有部分时间至少包括从收获期到下个播种期之间是可以被公众自由使用的，但更接近近代意义上“公地”的是，那些贫瘠的毫无利用价值的荒地。（2）保尔·芒图认为，每个教区那些终年处于休闲状态的荒地就是公地。无论是克拉克还是芒图都认为“荒地”是公地，马克思在《资本论》中关于公地的描述大致与此相同。正因为公地被认为是毫无价值的荒地，领主或教会并不阻止穷人（无地或少地的人）或多或少地使用土地。实际上，在英国封土制下，具体到一个采邑庄园，所用的土地都归属领主，包括荒地。所以，“与广泛的流行意见相反，所有的公地都是私人财产。它属于某个人并且从远古时期起就是如此”。

由此可见，中世纪英国的公地具有明显的领主“私有产权”的性质，只是由于公地的“荒地”形态导致利用价值不大或利用难度较大而被无地或少地的农民世代耕种而已。公地有“共用权”外貌，但所有权归属于领主。马克思说，“资本主义社会的经济结构是从封建社会的经济结构中产生的。后者的解体使前者的要素得到解放”。而对农业生产者即农民的土地的剥夺，形成全部过程的基础。

英国土地所有权变革运动的背景是一种制度革命，是“资本”要素对“土地”要素的胜利，是一种剥削对另一种剥削的取代。资本主义原始积累时期剥夺的是谁的地产呢？从所有权的角度来看，无论是“国有地”“教会地产”“公地”“克兰地产”，都不是农民的地产，农民拥有的是土地租佃权或使用权。从英国的土地所有权变革来看，它只不过是“现代私有制”对“封建私有制”的取代，是新的封建贵族对旧的封建贵族土地经营理念——从分散经营到大规模经营的取代。“他们取消了封建的土地制度，也就是使土地摆脱了对国家的贡献，以对农民和其他人民群众的课税来‘补偿’国家，他们要求对地产的现代私有权。”在这一取代过程中，“封建家臣”被解散，农民从土地上被赶走，损害的不是农民的“所有权”而是“使用权”。随着土地所有权的变革，自耕农被消灭、农民公有地被消灭，封建剥削变成资本主义剥削。

英国土地所有权变革，是大租地农场主对小租地农场主的排挤。马克思说，“对农村居民的剥夺只是直接地产生了大土地所有者”，至于租地农场主的产生，是一个延续了许多世纪的漫长过程。在英国，最初的租地农场主本身也是管事的农奴，14 世纪下半叶被租地农民取代成为分成农或半租地农场主。到了 16 世纪末，英国出现了“资本主义租地农场主”。为什么呢？其主要原因是海外羊毛贸易的发展和市场的扩大，根据斯密定理，市场扩大必将推动分工专业化和细化。因而大租地农场主利用价格（租金）逐渐将小租地农场主排挤出去。这种变革，实际上是英国经济发展带来的自由贸易的胜利，是对国内耕地与牧场比例破坏的胜利。对于人多地少的中国，“坚持和完善最严格的耕地保护制度”尤为重要。从对中世纪英国地权结构及其属性的分析可以看出，“对农村居民土地的剥夺”主要是对自耕农土地和农民世代耕种的公地的剥夺。马克思说，“大约在 1750 年，自耕农消灭了。而在 18 世纪最后几十年，农民公有地的最后痕迹也消灭了”。实际上，还有法律和农民自身原因。

英国土地所有权大都缺少产权的硬化形式，尤其是公地。马克思说，公地“是一种在封建制度掩护下保存下来的日耳曼制度”。日耳曼制度实质上是指财产所有权和经营权相分离的制度，是日耳曼社会中人们重视土地实际利用即使用权的一种特殊的地权制度表现形式，在那里，财产权的本质不在于抽象的“所有”而在于具体的“占有”或利用。从“事实占有”这个意义来看，农民世代耕种，从习惯来看似乎具有农民“私有产权”的性质，“尽管土地是公有的，但它的利用由村民直接控制，部分是通过投票。可以肯定，它是被当作私有财产来管理的”，但从来就没有法律的规定。所以马克思说，当暴力掠夺公地把耕地变成牧场时，立法才开始与其斗争但“毫无效果”，最后，“法律本身成了掠夺人民土地的工具”——公有地圈围法。“邻近的地主在圈地的借口下，不仅侵占了荒地，而且往往也侵占了以一定的租金向公社租来耕种的土地或共同耕种的土地”。对农村居民土地的剥夺，马克思还谈到了对农民土地的最后大规模剥夺过程，即所谓的清扫领地，也就是说把农民栖身之所——小屋“清扫”掉。由此，可以看出实施农地（包括宅基地）的确权、登记和颁证，推进地权正规化维护农户利益的重要性。

英国土地所有权变革，对自耕农而言，除了经济、暴力等外在因素外，还与其缺乏“集体组织”有关。自耕农的土地所有权从法律上来看要么属于国王，要么属于领主，只不过由其长期占有并使用。自耕农拥有土地占有权和使用权，但自耕农的土地是怎样被掠夺的呢？这既有暴力因素，也有经济原因，还有其自身分散且组织不发达的原因。马克思探讨了诸如立法、不经过立法直接掠夺、命令等形式以及“纯经济原因”。实际上，马克思在论述此问题时，说到“日本有纯粹封建性的土地占有组织和发达的小农经济，同我们的大部分充满资产阶级偏见的一切历史著作相比，它为欧洲的中世纪提供了一幅更真实得多的图画”。但明治维新之后，由于农村商品经济非常不发达（除少数几个地区之外），而且有关农业的采购、销售、信用合作组织也没有获得有效发展，为促进农业发展，对抗商业资本与小农生产的不对称性所导致的对农产品的榨取，日本政府借鉴德国经验，于 1900 年颁布了历史上第一部关于合作社的法律——《产业组合法》，对信用、销售、采购各个方面进行立法规范，给予合作组织以扶持和鼓励。第二次世界大战（简称“二战”）前夕，日本全部农户基本加入了产业组合；二战中，根据战争需要，日本的合作社重组为“农业会”；二战后，日本的合作社又改革为“农会”。与此同时，1938 年日本制定《农地调整法》，为实施这一制度成立了农地委员会制度。农地委员会会长由市町村长或道府县知事担任。农地委员会主要负责对自耕农创设维持事务、佃农关系的调整事务、农地的交换合并事务等进行调查审议以及协调。从日本农地制度的演变来看，日本之所以没有出现大租地农业资本家，与日本政府自上而下通过立法建立的农户“自组织”——农地委员会（尽管由政府官员兼任，但没有行政上的权限）不无关系，而中世纪英国“大手工工厂同大租地农场一样，看不出是由许多小生产单位联合而成的”。

案例评析：

中世纪，英国“对农村居民土地的剥夺”固然为资本主义制度取代封建制度打下了“全部过程的基础”，但“由于封建家臣的解散和土地断断续续遭到暴力剥夺而被驱逐的人”，这个不受法律保护的无产阶级，不可能像它诞生那样快地被新兴的工厂手工业吸收。

（节选改编自伍旭中和李亦含的《地权正规化、集体组织强制交易与加快地权流转——马克思关于英国“圈地运动”的分析及其启示》）

思政案例二

思政元素：

恩格斯曾高度概括了历史上几种剥削关系，他指出：“奴隶制是古希腊罗马时代世界所固有的第一个剥削形式，继之而来的是中世纪的农奴制和近代的雇佣劳动制。这就是文明时代的三大时期所特有的三大奴役形式，公开的而近来的是隐蔽的奴隶制始终伴随着文明时代。”

案例内容：

100 多年来，中外学者在考察前资本主义诸生产方式时，对于古代希腊尤其是雅典经济社会的研究一直给予特别关注。这不仅因为雅典一度是希腊经济文化最发达的城邦，而且是众多古史学者在进行比较研究时的一个重要参照系。然而，即便是史料相对丰富的古典时代的雅典，研究者们对于许多重大问题的认识也颇不一致。数十年来，国内学界认为在古典时代希腊奴隶制不断发展，由此而引发了贫富分化日益加重，社会矛盾、阶级斗争日趋激烈。其中，奴隶制经济的持续不断的发展是认识这段历史的核心因素。其具体表现为：土地集中和大土地所有制形成，大奴隶主大批涌现，大量公民失地破产从而沦为游民、无产者，阶级矛盾趋于激化，等等。国内学者认为古典时代雅典经济在总体上呈不断增长之势（持续增长说）。其间，雅典乃至希腊诸邦的历史特征几乎是由此出发而加以解释的。《世界史·古代卷》沿用了这一观点，认为公元前 4 世纪雅典经济“很快”恢复，并且一派繁荣景象。然而，这种看法似乎与历史事实相去甚远。

历时 27 年的伯罗奔尼撒战争给雅典经济造成巨大损失。战争使其积累多年的巨额金钱消耗一空，农牧业生产遭到毁灭性打击，劳里昂银矿完全荒废，公民和奴隶人数骤减，工商业急剧败落。尤其是随着雅典帝国的瓦解，雅典人所控制的领土、领海的范围大大缩小，属民人口剧减，国势一落千丈。“持续增长说”对伯罗奔尼撒战争后 65 年雅典奴隶制经济的理解明显失实。

首先，按“持续增长说”，雅典历史上奴隶人数最多的时期、最大的奴隶主毫无疑问都应该出现在公元前 4 世纪。不少学者在论证时列举了雅典历史文献中所提到的拥有奴隶最多的奴隶主和使用奴隶最多的作坊主（分别拥有 1 000、600、300、120 名奴隶）。但是，雅典奴隶总数最多的时代只可能出现在公元前 5 世纪中后期，而这几个大奴隶主也肯定不属于公元前 4 世纪。

其次，伯罗奔尼撒战争之后，雅典经济恢复并非很快，而是相当慢。兵燹之祸给雅典经济造成的创伤是巨大的。战后雅典经济的复苏举步维艰，粮食生产虽不难恢复，但是具有重要意义的橄榄生产的恢复通常需要数十年乃至上百年。同时，战争的破坏、居民的拓荒和滥采滥伐，使阿提卡地区的生态环境恶化。另外，战争、瘟疫造成大量人力损失，大批精壮劳力外流，其人口出生率比前个世纪有所降低。这都不利于经济的回升。公元前 4 世纪前期，雅典的岁入仅 130 塔连特，直到公元前 345 年前后才达到约 400 塔连特。而伯罗奔尼撒战争之前，雅典年平均财政收入约为 1 000 塔连特。雅典用 50 余年的时间使其公共财政收入由约 100 塔连特增加到约 1 000 塔连特；但是，雅典在伯罗奔尼撒战争之后 50 年还徘徊在战前的 1/7 左右，在战后 60 年还未达到战前的一半。

再次，众多富人的出现，当然可以视为雅典经济增长的重要表现，但历史事实似乎并非如此。迄今所知，雅典历史上最富有的人和最大奴隶主都出现在公元前 5 世纪而不是公元前 4 世纪。据古典作家色诺芬和吕西亚斯记载，尼基阿斯曾经拥有 1 000 名奴隶，财产总额达到 100 塔连特；而公元前 4 世纪被公认为雅典首富和最大奴隶主的帕西昂，其时最成功的“银行家”，他在去世时财富总额约为 60 塔连特，这当中包括价值约 20 塔连特的不动产、一处年利 1 塔连特的作坊（据估计有 60~70 名奴隶），还有 39 塔连特的现金用于放贷取利。况且，没有证据证明那些富人把大量金钱用于奴隶制生产。看来，公元前 4 世纪随着经济快速恢复和增长所出现的那些“家藏万贯”的富人、大奴隶主，恐怕也只不过是一种臆测。

从次，《世界史·古代卷》认为雅典的“税收大幅增加”，公民福利有所增加，是指税收收入大幅增加，这也缺乏史实依据。公元前4世纪雅典的经济潜力远不如其极盛时期。雅典政府在公元前428/427年首次向公民征收战争税（税率约为公民财产价值的1%），一次即征得200塔连特。然而，雅典在前378/377年进行的财产普查表明，应纳税者的财产总值仅约6 000塔连特。因此，尽管这种税收逐步制度化，但是，根据德摩斯提尼所提供的资料，公元前377—公元前357年的20年征税总额仅约300塔连特，年均15塔连特。伯里克利时代雅典国库金钱储存最多时达9700塔连特，而公元前4世纪前期至多不超过1 000塔连特。公元前4世纪雅典城邦税收项目确实有所增加，可依然无法摆脱财政困境，原因就在于税收项目增多并不意味着税收收入的大幅增加。

最后，按照“持续增长说”，公元前4世纪雅典奴隶制发展水平最高，奴隶人数最多，奴隶反抗和阶级斗争也应该最激烈。但是，公元前403年雅典民主重新建立之后，直到雅典失去独立，其政局一直是相当稳定的（雅典历史上的政变和大规模政治改革都发生在之前）。而雅典政局稳定的重要基础，是其土地所有制的相对稳定。其间，非但没有发生大规模奴隶起义，连此前出现的大规模奴隶逃亡都未再出现。公元前4世纪雅典公民的津贴项目有所增多，津贴制度也逐步制度化。但是，这并不意味着当时雅典公共财政状况比伯里克利时代有所改善。军费开支浩大，颇能说明问题。公元前5世纪后期，雅典的财力经常足以担负数万人的薪饷，而到“同盟战争”时期（公元前357年—公元前355年），数千人的薪饷就使雅典财政捉襟见肘，甚至连民众法庭也不得不关闭。

雅典帝国的形成，意味着雅典国家版图急剧扩大，综合国力大为增强；而雅典在伯罗奔尼撒战争中的战败，意味着它失去了几乎全部海外领土和海外收入，意味着国家财富总量大为减少。极盛时期雅典富人争先恐后，慷慨解囊，捐资助战，而战后雅典对外扩张屡屡受挫，一场战事下来，往往血本无归。毋庸置疑，公元前4世纪六七十年代，雅典经济尤其是阿提卡的农牧业生产已有较大恢复，形成战后第一个小高潮。“同盟战争”结束时，其经济再度跌入低谷。其后十余年有较快回升，特别是海上贸易和采银业的恢复，可算作第二个小高潮。因此，单就公元前4世纪而言，雅典经济的确呈波浪式增长之势，说其时完全处于经济衰落状态似有欠公允。但与古典时代极盛时期的伯里克利时代相比，公元前4世纪的雅典经济只能说处于低谷徘徊状态。而正当雅典经济自公元前 4 世纪 40 年代开始加快复兴步伐之时，北方强敌马其顿兴起，雅典再次处于被征服的险境之中，失去了重新崛起的历史机遇。

"持续增长说"对古典时代雅典经济状况的认识明显失实，但在国内学界流行半个多世纪，并且被广泛接受和传播，却未曾遭到根本性质疑。在希腊自由人看来，奴隶就如同牲畜、土地、房屋一样，是主人的一种财产，是一种会说话的工具。但他们同时又不得不承认，奴隶乃是所有财产中唯一可以自己拿起武器与其主人拼死抗争的特殊财产，也是所有工具中唯一需要吃饭穿衣，否则便无法被正常使用的特殊工具。自由人固然可以把奴隶视若牲畜，但奴隶毕竟不是牲畜。

近代史学研究成果已经证明："无论是私人所有的奴隶或国家所有的奴隶，都由所有者给以衣食住；有时他们获得一部分钱，作为津贴自己衣食之用。"由铭文材料可知：公元前 4 世纪晚期雅典一名国有奴隶每年可从国家领取伙食费 180 德拉克玛；另配发一套劳动服，价值 45 德拉克玛；在某些节日还要改善伙食。这意味着一名奴隶一年的生活费至少需 225 德拉克玛，与雅典国家分发给年轻公民的口粮钱（240 德拉克玛）相差无几。由此大致可以推知私人维持奴隶生活所需费用的一般标准。雅典公民集体的主体是中等以及中等财产以下的小生产者，他们可能具备了使用奴隶的第一个条件，但未必具备第二个条件。既然奴隶是被作为财产或工具来养活的，因而那些不能自给、勉强自给或自给有余但不足以养活一名奴隶的小生产者，在理论上是不可能成为奴隶主的。吕西亚斯在其演说辞中提到，一位拥有中等财产的公民这样说："我通晓一门可赚取少量收入的手艺，由我本人亲自经营，因为如果把它移交给一名奴隶来做，我就无力承担养活奴隶的费用。"然而，迄今为止，国内外学者仍普遍把奴价之和作为推算希腊奴隶劳动利率的全部本金。

这实际上不仅是把奴隶视为不需衣食住的一般财产，而且在很大程度上忽视了奴隶不与劳动对象和生产工具相结合便不可能成为被剥削的对象这一基本事实。雅典公民大都以农业为主，出租房屋、剥削会手艺的奴隶也是其谋生的重要手段。在公元前 4 世纪，公民出租一块价值 20 明那的地产，每年可得 1.6 明那的收入。因此，一位拥有 30 明那财产的公民若从事农业，维持本人生活已相当不易，绝不可能再蓄养奴隶。但他们完全有可能饲养一两头耕牛或毛驴。正如亚里士多德所说，牛"在穷苦家庭中就相当于奴隶"。常识告诉我们，耕牛的价格通常高于毛驴，因而把牛价与奴价加以比较也许更能说明问题。荷马提到，一名女奴可与20头耕牛交换。据格罗茨所引史料，公元前410年，雅典人献祭所用牛的价格为平均每头51德拉克玛，不足同期奴价（1.7~1.8明那）的1/3；公元前375年，牛价涨至每头77.25德拉克玛，不足同期奴价的1/5。可见，奴隶的卖价比耕牛高出数倍，加上蓄养奴隶所需支出大大高于饲养耕牛，更高于养驴。因此，把个人拥有和使用奴隶的物质前提与拥有毛驴、耕牛的条件等量齐观，其必然结果就是极大地低估使用奴隶的物质条件；由此出发去理解雅典的奴隶制，就必然片面夸大奴隶被占有和使用的普遍性，错误地把小生产者阶层等同于小奴隶主阶层。

奴隶制经济是希腊社会经济中与非奴隶制经济相对的一种经济成分，正如工商业经济之于农业经济，商品经济之于自然经济一样。因此，它的消长必然受到诸多因素的制约和影响。奴隶作为一种需要衣食住和劳动工具及对象的特殊财产，他们的增加始终是与其他财产的增加相伴随的，并以后者的增加为前提。恩格斯指出："先要在生产上达到一定的阶段，并在分配的不平等上达到一定的程度，奴隶制才会成为可能。要使奴隶劳动成为整个社会中占统治地位的生产方式，那就还需要生产、贸易和财富积聚有更大的增长。"因此，古代国家奴隶制的发展总是同本国物质财富的增长轨迹相一致的。而伯罗奔尼撒战争以后，雅典城邦经济的整体水平，国家、集体和个人所拥有、使用奴隶的物质条件皆明显不如伯里克利时代，其奴隶制不可能在这种条件下得到显著发展。

公元前4世纪使用奴隶的领域和私有奴隶的规模较前一世纪大为减小。雅典奴隶主要用于采矿业和手工业，以及富人的家务劳作。但其间绝大部分时间采矿业远未全面恢复；公共建筑业与伯里克利时代相比小得可怜；农业生产的不景气、物价上涨、食物短缺要求蓄奴者具备更好的物质条件；而所谓手工业作坊规模日益扩大、大作坊愈益流行的说法，也是没有任何史实依据的。不仅如此，奴隶在某些生产领域的劳动者中的占比亦呈缓缓下降趋势。在公元前409/408年的一件有关公共建筑业的铭文所提供的劳动者清单中，奴隶占总数的23%；在80年后的一件同行业的铭文中，奴隶仅占21%；而在伯里克利时代，奴隶曾占25%。这在某种程度上表明，伯里克利时代以后奴隶劳动日益排斥自由民劳动的发展趋势并不存在。

综上所述，我们得出以下几点结论：

其一，古代世界经济是以农牧业为主体的自然经济，雅典和同时代东方诸国生产力水平大致相当，商品经济规模和水平都是有限的。在这样的生产力条件下，不可能创造出近代意义上的剩余价值。这也是奴隶制的发展在很大程度上有赖于对外征服和掠夺的根本原因。其二，在奴隶制生产方式的上升时期，社会生产、贸易和财富积聚的增长是一个国家奴隶制持续发展的前提，而不是其结果。同样，随着经济的衰落，生产萎缩，个人财富减少，奴隶制必然（往往是暂时地）趋于衰落。其三，城邦（公民集体）在发挥其侵略、欺压、剥削、奴役异邦人的作用时，在理论上，是一个奴隶主的集体；而实际上，在公民之中，奴隶主阶层主要局限于中等财产以上的少数富人范围内；占公民集体80%以上的小生产者，通常不是奴隶的直接占有者。其四，在古典时代的雅典，小土地所有制始终是城邦的经济基础。自公元前5世纪末开始的小土地所有制的逐步瓦解和小生产者的破产、没落，主要是由于战争对其生产条件的破坏和城邦综合国力的衰弱等，而不是也不可能是各城邦国内奴隶制持续发展的结果。

奴隶制时代和资本主义时代的生产力水平有着巨大差别。奴隶制经济的发展主要靠对外掠夺和征服等暴力手段。古代国家奴隶制的高峰通常出现在大规模对外征服期间或者紧随其后的一段时间。因此，在奴隶制达到一定水平的基础上，无论是国家、集体，还是个人，其财富的持续增长通常是奴隶制进一步发展的必要前提，而不是其直接结果。

案例评析：

雅典奴隶制经济虽在伯罗奔尼撒战争之后60余年呈波浪式增长之势，但与古典时代盛期相比，仍处于低谷徘徊状态。中外学者在考察雅典奴隶制经济发展状况和走势时，往往有意无意地压低甚或完全忽略使用奴隶的必备条件，从而夸大了使用奴隶的普遍性。奴隶在当时生产、消费和市场条件下，尚未达到创造出剩余价值的程度，这是古代生产力水平低下的最本质的表现。

（节选改编自徐松岩和夏万芳的《论古典时代雅典奴隶制经济走势》）

第二章　东亚和南亚的封建经济

思政案例一

思政元素：

习近平总书记曾强调，“优秀传统文化是一个国家、一个民族传承和发展的根本，如果丢掉了，就割断了精神命脉”。

案例内容：

从古至今，中国文化在东亚世界一直具有强大的影响力，以汉字为媒介，以儒教、汉译佛教、律令为主要组成的中国文化长期影响着中国周边地区，特别是对日本的影响到现在依然明显。从中国传到日本的文物给日本社会带去了巨大的影响，不仅是文物本身作为宝物的价值，还有其带去的文化价值。

最早的朝贡交流记载见于《三国志・魏书》“景初二年六月。倭女王遣大夫难升米等诣郡，求诣天于朝献”。倭国的女王派遣使者到中国结交，并且以奴隶和班布为贡品。之后，魏明帝授予倭女王亲魏倭王，并赏赐了很多东西。唐朝是中国历史上最强盛、最开放的朝代之一，同时也是中日两千多年的交流史中转为密切的一段时期。日本派遣到唐朝进行交流的使节——遣唐使，正是两国这段交流的重要承载者。倭国国王为了显示王权建立了专门储藏宝物的藏库。藏库成为历代收藏宝物的场所，特别是由遣唐使带回的唐物成为镇库之宝。

从 7 世纪初至 9 世纪末，日本先后派出了 19 批遣唐使，其中实际成行 16 批，3 批在任命后因故中止。若再排除 1 批为迎接渡唐后回日本的“迎入唐大使”和 3 批为送还访日后回唐朝的“送唐客使”，正式派遣了 12 批遣唐使。遣唐使团官员有大使、副使、判官、录事等，成员包括掌管祭祀的主神、水手、翻译、船师、医师、阴阳师、画师、乐师、工匠以及警卫等各类人员，将近30种。此外，还有若干留学生和留学僧跟随使团一同赴唐。可以说，遣唐使团集中了当时日本外交、学术、科技、工艺、音乐、美术、航海等各方面的优秀人才。

为了更好地把握遣唐使的发展演变，学者们往往从不同的角度，提出遣唐使的不同分期。日本学者藤家礼之助根据遣唐使的目的和内容，将其分为初期、盛期、末期三个时期。

初期从630年舒明天皇派遣第一批遣唐使开始到669年天智天皇派遣第五批遣唐使为止。这一时期的遣唐使可以说是隋朝时期遣隋使的延续，其主要目的在于学习唐朝的制度、典章以及佛法。初期遣唐使团规模小，一般为两艘船，人数少，往往在100至200人，组织也不严密。

盛期从702年文武天皇派遣第六批遣唐使开始，到752年孝谦天皇派遣第九批遣唐使为止。此时的遣唐使开始全面、系统地学习唐朝。使团具有相当的规模，使节阵容齐整，一般为4艘船，总人数在500人左右。为此，日本古籍《万叶集》中经常以“四只船”来称呼遣唐使团。除了数量方面的变化之外，更重要的是质量的变化。盛期的遣唐使人才济济，如名垂史册的粟田真人、藤原清河、大伴古麿等人。此外，在遣唐留学生和留学僧中，还有在日本家喻户晓的吉备真备、阿倍仲麻吕、大和长冈、玄昉等人。

末期从777年光仁天皇派遣第十批遣唐使开始，到838年仁明天皇派遣第十二批遣唐使为止。末期的遣唐使在规模和组织上并不弱于盛期，但不管规模多么庞大，组织多么完整，这一时期的遣唐使已呈现出明显的衰退征兆。最终，宇多天皇接受菅原道真的建议，于894年正式废止遣唐使。那么，究竟是什么原因导致了遣唐使的衰落直至最终废止呢？综合学者们的研究，大致有四个因素。

首先，盛极一时的唐朝，在“安史之乱”后政局动荡不安，国势日渐衰落，国际影响力江河日下，在日本人的眼里已经失去了往日的形象。其次，日本经过200多年的摄取与吸收，已逐渐趋向饱和，开始进入消化阶段，对学习唐朝的需求已不那么迫切。再次，派遣遣唐使耗资巨大，日本的国家财政压力日增，加上路程艰辛，朝廷和使节们逐渐丧失了学习的积极性与热情。最后，唐朝对日贸易不断增加，不仅弥补了日本对唐朝物品的需求，而且能够节省朝廷的费用开支和遣唐使往返的时间，让遣唐使的派遣失去了意义。

遣唐使的交通路线

遣唐使赴唐并前往都城长安的路线，大致可以分为北路、南岛路和南路三条。北路从现在日本的福冈县一带出发，抵达朝鲜半岛的南岸后，沿朝鲜半岛西岸北上，再沿辽东半岛南岸西行，跨过渤海，在山东半岛登陆，然后走陆路经莱州、青州、兖州、汴州、洛阳等地到达长安。北路虽然费些时日，但大部分是沿海岸线航行，比较安全，船只遇难情况较少，所以遣唐使在初期阶段几乎走北路路线。不过，从日本文武天皇开始，遣唐使走的就几乎是南岛路和南路。南岛路主要从日本九州的西岸南下，沿种子岛、屋久岛、奄美诸岛一带跨越东海，抵达长江下游流域，接着经由扬州，通过大运河邗沟和通济渠到汴州，然后西进至长安。南岛路主要航行在渺茫无边的东海上，难以靠岸，危险较大。南岛路和北路都需要航行一个月左右，有时甚至更长时间。南路从日本九州西边的五岛列岛出发，横渡东海，在长江口和杭州湾附近登陆，接着也经由扬州，利用便利的水路交通，前往长安。南路是三条航路中耗时最短的路线。根据遣唐使伊吉博德的随行记录《伊吉博德书》的记载，走南路的第四批遣唐使船，乘着强风，实际上仅用了两天半就到达了杭州湾附近。这同费时一个月左右的北路和南岛路相比，可以说有天壤之别。然而，南路也是最危险的航线。如第九批遣唐使的第二艘船就在归程中被吹回到中国，之后才再次出发，比第一艘船晚了将近两年才回到日本。再如第十一批遣唐使船，在暴风中颠簸漂流了 34 天，才终于漂抵中国福州一带。《续日本纪》中有一篇文章记录了当时海上遇难事故的可怕情景：副使小野石根等 60 余人在一瞬间被海水淹没，船从正中间折为两段；40 多人裸着身子聚集在船尾，6 天不饮不食，随船漂流。所以，有时候为了确保万无一失地完成使命，同一批遣唐使团也会采取两条不同的航路。

遣唐使的多重使命

受当时造船技术和航海技术的限制，遣唐使在穿越茫茫大海时，往往要付出惨重的代价，但因为他们背负着种种使命，所以不惜冒着生命危险，一代接一代地出没于汹涌的波涛之中。在政治上，遣唐使背负着提高日本国际地位的使命。唐朝采取开放、包容的对外政策，与各国友好往来。自白江口战役之后，日本也积极同唐朝发展友好关系。遣唐使的派遣从本质上来说是一次外交活动，其目的是希望通过频繁地出入来发出“日本声音”，以提高日本的国际地位。文化上，遣唐使背负着向本国输入唐朝先进文化的使命。唐朝文化昌盛，有很强的辐射力和吸引力。遣唐使的派遣，尤其是大批留学生和留学僧的派遣，很明显就是为了引进唐朝的先进文化，以促进日本文化的迅速发展。为了更好地学习唐朝的先进文化，日本朝廷专门精选一批通晓经史、才干出众、汉学水平较高、熟悉唐朝情况的一流人才作为遣唐使。当然，遣唐使团在唐朝也受到了盛情接待。经济上，遣唐使背负着开展对外贸易活动的使命。日本与唐朝通过贡赐关系实际上建立了变相的官方贸易往来。这种贸易往来以互赠礼物的形式进行，即遣唐使向唐朝进贡，唐朝则赏赐给遣唐使答礼。遣唐使献上的贡品主要有银、绢、丝、绵、布等；唐朝回赠的礼物主要有书籍、彩帛、香药、工艺品等。这些赠品大多不会直接进入市场，主要是满足天皇及贵族奢侈生活的需要，即便如此，在客观上还是对日本物质生活的发展起到了促进作用。

遣唐使的深远影响

遣唐使是中日交流史上前无古人的盛举，它对日本社会的发展和中日的友好交流产生了深远的影响。唐朝先进的政治、经济、文化制度，以及科学技术、风俗习惯等，都是通过遣唐使传入日本的。在日本统治者进行政治体制改革和社会制度革新时，遣唐使，尤其是担任国家要职的遣唐使主动谋改革、献良策，勇当政治改革的“智囊团”和社会发展的“助推器”，完善了日本的统治制度，促进了日本的文明开化，使日本进入社会繁荣、文化鼎盛的时期。例如，吉备真备担任过遣唐副使，是从唐朝带回典籍和物品最多的一位日本留学生。他回日本后，在教育、礼仪、军事、刑律、建筑、历法、音乐等几乎所有部门有不同程度的建树，为推动日本社会的发展做出了很大的贡献。多治比县守担任过遣唐押使，同样从唐朝带回大批文化典籍。他回日本后，像时装表演一样，穿着唐玄宗所赐的朝服朝见天皇，并夸耀其朝服的优美雅致。结果，诸大臣纷纷仿效，从而带动了上层社会的移风易服。不久，日本天皇下诏，百姓衣服一律仿唐服。可见，日本通过遣唐使引进唐文化，取得了意想不到的效果。日本派遣遣唐使的目的之一，是加强与唐朝的交流并使自身得到发展，而遣唐使确实也成功地做到了这一点。遣唐使从唐朝带回先进的制度与文化，促进了日本的制度和文化走向成熟。与此同时，遣唐使也将日本的某些优质产物带到唐朝，且有一些人留了下来，为唐朝的发展做出了贡献。其中遣唐留学生阿倍仲麻吕和遣唐留学僧圆仁是典型代表。

阿倍仲麻吕的中国名叫晁衡，他在唐朝生活了50多年，历仕玄宗、肃宗、代宗三朝，与王维、李白等为知己好友。在唐朝任官期间，他一方面给日本的使者、留学生提供了许多帮助，另一方面也为唐朝人介绍了不少有关日本的知识，为加强中日两国的友好和相互了解做出了很大的贡献。圆仁是随最后一批遣唐使入唐的，他所著的《入唐求法巡礼行记》，不仅非常详细且真实地记载了中国的情况，还细致地描绘了当时的物价、民间的各种风俗、有关佛教的情况、繁杂的唐代官僚制。因而美国的“日本通”赖肖尔认为：“从某种意义上说，圆仁在周游中国方面所创下的成就超过马可·波罗的记录”。虽然遣唐使后来被废止，但在友好交流的影响下，中日两国民间的自发交往日渐活跃和繁荣。

唐朝作为当时东亚的中心，努力地向周边各国传播自己的文化，加强对周边地区的控制以保证自己的安全和权威。同时，日本由于自身资源的匮乏，需不断地对外联系与交流，从而获得珍贵物资，也就是所谓的财产上的权威，维护皇权的威信。这也就是日本对外交流的主要原因之一。他们将唐朝文化传入日本，使日本建立起律令制，又利用唐物建立了属于自己的日本文化，即“和风文化”。因此，应当区分和展开“和汉”意识与唐物的关系，这或许可以成为以后研究的重点。

案例评析：

从7世纪初到9世纪末，日本为了学习中国文化，先后向唐朝派出十几批遣唐使团。其次数之多、规模之大、时间之久、内容之丰富，可谓中日文化交流史上的空前盛举。遣唐使为推动日本社会的发展和促进中日交流做出了巨大贡献。

（节选改编自李家男的《唐物与遣唐使》和章林的《遣唐使——中日交流的重要承载者》）

思政案例二

思政元素：

马克思在《论印度》中指出：“农村公社的自治制组织和经济基础已经被破坏了，但是，农村公社的最坏的一个特点，即社会分解为许多固定不变、互不联系的原子的现象，却残留下来。农村的孤立状态在印度造成了道路的缺少，而道路的缺少又使农村的孤立状态长久存在下去。在这种情况下，公社就一直处在既有的很低的生活水平上，同其他农村几乎没有来往，没有推动社会进步所必需的愿望和行动。”

案例内容：

印度封建社会有其明显的特点。了解这些特点，有助于我们进一步研究印度封建社会的历史。

一、农村公社长期存在

农村公社是原始社会后期的产物，其本质特点是以地域性的联系代替原先的血缘性结合。在农村公社内部，土地为公社集体所有，土地被定期分配给各成员耕种，耕种收获归为己有。马克思指出："农村公社既然是原生的社会形态的最后阶段，所以它同时也是向次生的形态过渡的阶段，即以公有制为基础的社会向私有制为基础的社会过渡。不言而喻，次生的形态包括建立在奴隶制上和农奴制上的一系列社会。"由此可见，这种原生形态的农村公社，不仅保存于奴隶制社会，而且还残存至封建社会乃至近代社会。农村公社曾长期存留于印度等国家的不同社会阶段中。直至近代，农村公社才在印度消失。马克思认为印度是农村公社"保持最牢固也最长久的亚洲国家"。

印度的农村公社是由古代社会延续下来的。当奴隶制的经济效益每况愈下时，封建制度主要通过国王或王公将一个个农村公社封赐给贵族和寺院而成长起来。村社成员经由村社组织与大土地所有者结成封建关系。这便使经济生活与社会关系自成一体的农村公社继续存在。4 至 7 世纪是笈多王朝和戒日王朝统治时期，也是印度封建关系成长和确立的时期。国王赐赠土地正是从笈多王朝起逐渐多起来。尽管土地所有权已转属受封的贵族和寺院，但农民继续生活在农村公社里，形式上依然是向农村公社领种土地。因此，伴随封建关系的扩展，在农村公社内部，仍然保存着农村公社的基本传统。

首先，在土地关系方面，尚保留着土地村社"集体所有制"的外壳。封建贵族向村社成员征收封建地租，就像封建国家向村社成员征收赋税一样，并不直接向每个农户征收，而是向村社整体索取，再由村社当局向各户征集。一个村庄的应征赋税总额决定以后，王公就向村社当局预征全部赋税，或者获得按季或按月缴税款的保证。王公所指派的收税官或村长都是以王公的名义行使权力的。

其次，在经济性质方面，仍是以村社为单位的自给自足。不仅村社成员各户耕织结合能够满足自己各方面的基本需要，而且村社共同体还有铁匠、木匠、陶工乃至教员、乐师等为全体村社成员服务。他们从公社得到一小部分剩余生产物，有时也得到一小块可供独立耕作的土地。每一个劳动者都是公社的组成部分。因此，每个村社都是自给自足的自然经济单位，它们既不需要其他村社的产品，也不将本村社的产品投入市场。

最后，在行政管理方面，各村社内部事务基本自治。每个村社只是作为整体接受国家的统治或依附于某个封建贵族，农村公社原有的组织机构、管理制度等在形式上也无很大变化。英国官方的一份报告曾对印度村社制度做出如此描述："从很早的时候起，这个国家的居民就在这种简单的自治制的管理形式下生活着。村社的边界很少变动，虽然村社本身有时候受到战争、饥荒或疫病的严重损害，甚至变成一片荒凉，可是同一个村社的名字、同一条边界、同一种利益，甚至同一个家族却一个世纪又一个世纪地保持下来。"只要村落保持完整，村社居民就对王国的崩溃和分裂毫不关心。不论王国政权转到谁手，村社内部的行政管理仍然保持不变，村长仍然是税吏审判官和农民的首领。

二、种姓制度森严

种姓制度是印度社会的重要特征。在世界其他地区的古代历史上，也曾存在过类似于印度种姓制度的社会等级制度，但印度的种姓制度可以说是最森严、最完善、存在时间最久的社会等级制度。

种姓制度是人类等级制的一种类型，是阶级社会的产物。等级是以社会划分阶级为前提的，等级是阶级差别的一种形式。印度种姓制度有着种种严格的规定和限制，对违犯者处以严刑酷法，低种姓违犯规定者甚至有生命危险。在印度封建社会，古代的种姓制度仍被沿袭下来，而且愈演愈繁。四个种姓的地位各有不同程度的变化，种姓法规也更趋严格和复杂。特别是在瓦尔那制度的基础上，随着社会分工的发展和阶级的分化，又形成了阇提制度。阇提是按社会职业划分具有排他性的等级集团。随着封建制的形成，婆罗门和刹帝利已由奴隶主的瓦尔那变成封建主的瓦尔那。变化最大的是原吠舍瓦尔那（包括农民、手工业者和商人）。进入封建社会后，因为许多农民和手工业者已经陷入封建依附地位，吠舍瓦尔那主要由富裕手工业者、商人和高利贷者组成，农民和一般手工业者则降为首陀罗。在吠舍和首陀罗瓦尔那中，因职业不同又形成许多阇提。

阇提虽是按职业划分的，但与行会有很大的不同。各阇提不仅有自己的首领、管理机构和规章习俗，而且相互之间有严格的等级之别。像瓦尔那一样，同一阇提内部，职业世袭，子继父业，不得变更；实行内婚制，不同阇提之间不得通婚。属于不同阇提的人，不能同吃一桌饭、同饮一井，不能混居。低级阇提者碰到高贵阇提者，必须表示尊敬，否则就会受到严惩。

三、宗教信仰驳杂

印度上古时代曾经产生婆罗门教（约形成于公元前 7 世纪），公元前六世纪又兴起佛教。大约从 4 世纪起，佛教开始衰落，印度教逐渐兴起。8 世纪到 9 世纪，吠檀多派哲学家沿袭婆罗门教的主要教义和理论，在所谓不二论唯心主义哲学基础上改革印度教，推动了印度教的深入发展。但是在长期处于分裂割据状态的社会环境中兴起的印度教信仰驳杂。

一是，印度教的教义相当纷杂。印度教的教义是以婆罗门教教义为基础，吸收佛教、耆那教等宗教教义，以及民间各种信仰而形成的。因此，从本质上说，印度教的教义并非教主独创的思想体系，而是在社会长期发展的过程中，不同程度地吸收各派宗教理论、哲学思想和民间习俗等综合而成。其教义庞杂紊乱，甚至互相矛盾。“当作一种信仰来看，印度教是模糊的、无定形的、多方面的，每一个人能够照他自己的看法去理解的。要给它下一个定义，或者用这个词的普遍意义来实在明确地说出它是否是一种宗教几乎是不可能的。在它的现在体系中，甚至在过去，它包含多种的信仰和仪式，从最高的到最低的，往往互相抵触、互相矛盾。”

二是，印度教崇拜多神。究竟信仰多少神，至今没有一个确切数字。信仰的主神就有三位：梵、毗湿奴、湿婆。因为信仰的主神乃至其化身不同，以及对教义的不同崇信，印度教又分成许许多多的教派。此外，印度教的宗教行事和节日也很多。

四、长期处于分裂割据状态

中世纪，印度不曾存在过一个统一大陆的封建国家。无论是信奉印度教还是信奉伊斯兰教的大帝国，其权力重心大都在北印度，国力极盛时势力得以向东、向南扩展。但是，帝国境内仍然保留着一定数量的相对独立的地区性王国，特别是在南印度表现得更为显著。一旦国力衰微，各地的分立倾向便迅速膨胀，直到宣告独立，从而使帝国中央政权的权力局限于一个狭小的范围。

4 世纪建立的笈多王朝是印度封建社会的第一个帝国，在国王沙摩陀罗·笈多统治时，其疆界已大致确立，包括北印度大部分地区、中央邦和奥里萨的高地、沿东海岸向南延伸到马德拉斯的一片领土。帝国灭亡后，南亚次大陆邦国分立、互相争战。从 7 世纪至 12 世纪，南亚次大陆更加分裂与动乱。13 世纪初，德里苏丹国建立。卡尔基王朝是德里苏丹国的强盛时期。这种表面的政治统一并不长久。16 世纪，莫卧儿人在南亚次大陆建立帝国政权。1595 年，阿克巴的征略使莫卧儿帝国的领土包括从喜马拉雅山到纳尔马达河，从兴都库什山到布拉马普特河的广阔地区，接着征服南印度，将莫卧儿帝国的南疆推进到克里希纳河上游。1690 年，奥朗则布的征伐则几乎使莫卧儿帝国统一了全印度。然而，由于莫卧儿帝国扩展过快、过大，缺乏统一的政治经济基础，即使是在莫卧儿帝国的极盛时期，印度也难以实现严格意义上的政治统一。在莫卧儿帝国后期，全国仍存在着 500~600 个大小不等的地区性王国。莫卧儿帝国灭亡，印度沦为英国的殖民地。

印度封建社会的这些特点，将民众禁锢在许许多多非常闭塞、彼此分立的狭小范围里，使印度社会各阶层居民普遍处于互相隔绝、互相排斥的状态。人们关心的只是本村社、本阇提、本教派的存亡。因此，严重的分裂割据，成为印度封建社会的常态，中央集权的统一局面很难出现和维持，以致很容易被外来侵略者征服。

案例评析：

国家，是各民族安身立命之所，是各民族共同生活的家园。国家统一既带来了辽阔的疆域、强大的国力、安定的社会环境和经济繁荣的局面；又促进了民族融合与民族文化的双向交流，增强了民族间的亲和力与凝聚力，还提升了社会各阶层之间相互交流、相互融合、共同发展的凝聚力和向心力。

（节选改编自宋怡的《试析印度封建社会的特点》）

第三章　西欧的封建经济

思政案例一

思政元素：

马克思和恩格斯认为，“国家内部的一切斗争——民主政体、贵族政体和君主政体相互之间的斗争，争取选举权的斗争等等，不过是一些虚幻的形式……普通的东西一般说来是一种虚幻的共同体的形式……在这些形式下进行着各个不同阶级间的真正的斗争”。具体到西欧的封建政治体制，它在前期表现为等级制的形式；在后期表现为君主专制的形式，因为“那时旧封建等级趋于衰亡，中世纪市民等级正在形成现代资产阶级，斗争的任何一方尚未压倒另一方”，王权作为表面上的调停人而得到加强。同样，资本主义政治体制也非千篇一律，早期有地方性的“城市共和国”，17 世纪、18 世纪依靠君主专制，近代建立代议制国家。

案例内容：

将中国历史上的封建社会同西欧中世纪的封建社会进行比较，是一个具有重大历史意义和理论意义的问题。它不仅关系到如何解释近代中国与西欧的“大分流”，也是对马克思主义唯物史观的原理的验证。

一、从下往上看：中西封建社会具有相同的经济基础

1. 农业生产是中西封建社会的基础，城市商业有限发展

中西封建社会都是由农业生产衍生出的社会文明。有明确记载的，西周以“井田制”来安排农业生产。这是西周封建制的基础。以后历朝历代都把耕地作为对王公大臣的奖赏或俸禄，把田租视为最主要的税赋来源。中国封建社会的帝王高度重视农业生产。从秦国商鞅变法到清帝“亲耕”先农

坛，都体现出农本思想。北方游牧民族在迁移中原后很快转向农业生产。而在西欧也有类似的历史。5—7 世纪，原本以渔猎、游牧为生的北方日耳曼民族，在迁移西欧后转为农业定居生活。庄园制是农业生产的主要形式。庄园主（也就是贵族）的主要收入来自田租，他们对追随者的犒赏主要是分封土地。西欧封建主同样有以农业为荣的农本思想。正如布罗代尔所言，在前工业社会，社会的基础和主体仍然是自给自足的农业经济，商业只占很少一部分。

2. 中西封建社会的生产力水平相当

根据经济史学家安格斯·麦迪森的估算（以 1990 年美元为基准），960 年，中国与欧洲（不包括土耳其和俄国，下同）的人均国内生产总值（GDP）分别是 450 美元和 422 美元，1300 年中欧分别是 600 美元和 576 美元。在前工业时代，中西农业技术水平相当，且技术对农业生产的贡献有限，生产率的提高主要靠人力和自然禀赋的投入。欧洲耕地多，可以采取休耕方法保持土地产力；中国虽然耕地少，但是通过增加人口，能实现精细化耕作。所以，在中古时代，中西农业生产水平旗鼓相当。

3. 中西封建社会的土地所有制形式相似

从词源上看，汉字“封”的本义有垒土为界的意思，可能与古代井田制的划分有关。许慎在《说文解字》中解释，“封，爵诸侯之土也”，“建，立朝律也”。即天子将土地分给诸侯，诸侯也会把土地分给依附于自己的大臣和有功之人。英语 feudalism、法语 féodalisme 和德语 feudalismus 皆源于中世纪拉丁语 feodum（采邑），指领主向自己的附庸提供一份地产，供其维持生计。再以后，采邑变成附庸的世袭财产。所以，中西方“封建”一词都有分封、占有土地之意。通过封建方式占有土地之人，并非一般地主，而是掌握权力的统治阶层。还有一种形式，地主主动臣服于某领主，将自己的土地交给领主以换取其庇护，领主再将土地作为采邑交给他。在这一过程中，土地所有权并未有实质改变，而地主的臣服实则是加入领主的统治体系中。这与中国的封建社会有异曲同工之处。

4. 中西封建社会的经济关系基本相似

封建社会里最具标志性的一组生产关系是地主与佃农。佃农自己没有土地，需要租种地主的土地，代价是需要向地主缴纳佃租和提供劳役。与奴隶相比，佃农是名义上的“自由人”，但因为需要承担佃租和劳役的义务，实际上仍然依附于地主。这在中国和西欧大同小异。西欧封建地主的土地有领地和采地之分。采地即租给佃农耕种，也叫份地。领地由地主自己直接管理，劳力来源主要是雇工、农奴和服劳役的佃农。中国封建地主的主要劳力也是奴隶和佃户；也是奴隶越来越少，佃户不断增加，宋代时佃户占到全体农民的一半。从税赋的角度看，虽然中西制度设计有差异，但就内容而言还是有相似之处的。首先，税赋的主要形式是田租、绢布和徭役，标准主要依据耕地和人丁数量，具有明显的自给自足田园经济色彩。其次，封建地主享有不同程度的免税特权。最后，自耕农和佃农是赋税的主要承担者。因此，无论是从生产力发展水平还是从生产关系形式来看，中西封建社会具有很大的相似性。所以说，二者具有相同的经济基础。

二、从上往下看：中西封建社会具有不同的上层建筑

1. 中国封建社会的专制王权与西欧封建社会的有限王权

中国的皇帝是土地的最终拥有者。中国自周代后，两千多年的共识是“普天之下，莫非王土；率土之滨，莫非王臣”。皇帝是天下土地的最高主人。他可以将土地分给王公大臣，也可以分给平民百姓；同样，也有权收回。皇帝也是权力的最高拥有者。西欧君主的权力相比中国皇帝受到很大限制。首先，无论是在名义上还是实质上，国王都不是全国土地的最高所有者，通常只是贵族中拥有土地最多、实力最强的一个。其次，在封建社会初期，国王通常是由贵族推选和拥戴产生的。即使到后来，在王权继承出现中断或争议时，也需要由贵族来推选或确认新国王。再次，“我的附庸的附庸，不是我的附庸”。国王将土地封给附庸，附庸对国王效忠；而附庸会再把领地封给自己的附庸，接受他们的效忠。但是国王对附庸的附庸（隔级附庸）的土地无权干涉，隔级附庸也没有向国王效忠的义务（英国有些不同）。最后，王权受到议会的限制。国王的决策需要征求贵族的意见，而贵族也有建议的义务。这催生了议会的产生。总之，正如封建史专家马克·布洛赫的结论：西欧封建政治体制并不是个人专制体制。

2. 中国封建社会的官僚治理与西欧封建社会的贵族治理

官僚是一种职业，需要由皇帝来任命；而贵族是一种身份，可以世袭传承。官僚的治权由皇帝授予，对皇帝负责，受皇帝控制；而贵族只是个人对国王负有效忠义务，而在领地内享有自治权，国王无权干预。官僚以俸禄为生，或者以货币粮布的形式，或者以封赐田产的形式，但是封地与自己所治之地并不相同；而贵族的领地既是谋生的家产，也是自己的治地，没有分别。中国封建社会的官僚制度是与君主专制相辅相成的。西欧封建社会治理的基本单元是各级封建领地，只有领主才有权裁决领地内的各种纠纷。因而，领主在领地内建立封建法庭。这是领主治理领地的主要形式，也是一项重要收入来源。这种主权割裂状态是难以产生官僚制的。到封建社会后期，随着王权的强化，西欧才开始出现职业官僚。

3. 中国封建社会的封建伦理与西欧封建社会的封建契约

君主要维持统治秩序还需要一套规则。在中国靠的是封建伦理，也就是宗法礼仪，主要是通过规范人际关系和加强个人道德修养来塑造社会秩序。自汉武帝采纳董仲舒的“大一统”思想后，儒家的“三纲”就成为人际关系的基本原则，“忠、孝、仁、义、礼、智、信”则是对个人修养的要求。这套宗法礼仪具有鲜明的封建自然经济和等级秩序色彩。西欧封建社会受古罗马成文法和日耳曼习惯法的影响，从一开始其封建效忠关系就带有契约性质。西欧的封建效忠仪式，通常是一个自由人（附庸）向另一个自由人（领主）宣誓效忠，主要是愿意随领主打仗；而领主则要向之承诺，尽到保护和豢养的义务——主要是授予土地。而且，一个附庸向多个领主效忠也是常有之事。所以，西欧封建关系是“一种名副其实的契约，而且是双向契约”。

4. 中国封建社会的常备军与西欧封建社会的骑士

军队是中国皇权专制的另一大支柱。中国封建社会很早就建立起常备军。西欧国王的军队主要来自附庸的封建义务。国王没有常备军，当战事发生时，受封贵族、骑士自备兵甲战马，带领随从，跟随国王作战。

5. 中国封建社会的税收财政与西欧封建社会的领地财政

税收是中国皇权的主要财政来源，早在秦汉时期就建立起比较成熟的收税体系。西欧的君主与其他贵族一样，其收入主要来自自己的直接领地和法庭收益。虽然也有税收，但在封建状态下，收税权实际由各领主控制，只有很少一部分落入国王口袋。所以，中世纪有句谚语“国王靠自己过活”。比如《大宪章》就规定，未经贵族会议许可，国王不得增加税收。这也奠定了英国议会控制税收的格局。

综上所述，中西封建社会的君主制度、行政制度、法律制度、军事制度和财政制度各有特色。也就是说，二者具有不同的上层建筑。

三、是否违背唯物史观的原理?

生产力决定生产关系、经济基础决定上层建筑，是马克思主义唯物史观的基本原理。

1. 马克思如何划分不同社会形态

需要先明确的是，唯物史观理论的形成并不是一蹴而就的。马克思、恩格斯第一次论述唯物史观是在《德意志意识形态》。此后，经过十多年的积淀，1859 年马克思在《〈政治经济学批判〉序言》中做了最经典、最完整的概括。所以，在马克思的文献中，经常看到“交往形式”“生产关系”“市民社会”“经济基础”“生产方式”与“社会形态”等概念的混用。这既是马克思不断完善自己理论的体现，也可看出他根据什么来划分社会发展阶段。马克思根据所有制形式将资本主义以前的社会划分为“部落所有制”“古典古代的公社所有制和国家所有制”和“封建的或等级的所有制”；后来又提出了“亚细亚的、古希腊罗马的、封建的和现代资产阶级的生产方式可以看作经济的社会形态演进的几个时代”。而恩格斯则把古希腊罗马时代的“奴隶制”“中世纪的农奴制”和“近代的雇佣劳动制”称为“文明时代的三大时期所特有的三大奴役形式”。可见，马克思和恩格斯在排列社会各发展阶段时用了不同的表述，主要是因为分析的侧重点不同。在马克思和恩格斯的著作中，分工、所有制形式、劳动异化、生产方式、剥削形式、阶级对抗都曾作为社会发展阶段的划分依据。看似冗杂混乱，实则是统一的。分工造成私有制，私有制产生劳动异化，也就是剥削奴役，进而形成阶级对抗。其中，所有制形式是关键。

2. 如何认识经济基础对上层建筑的决定作用?

马克思在《〈政治经济学批判〉序言》中总结唯物史观原理时，下面这段话不容忽视:“随着经济基础的变更，全部庞大的上层建筑也或慢或快地发生变革。在考察这些变革时，必须时刻把下面两者区别开来：一种是生产的经济条件方面所发生的物质的、可以用自然科学的精确性指明的变革，一种是人们借以意识到这个冲突并力求把它克服的那些法律的、政治的、宗教的、艺术的或哲学的，简言之，意识形态的形式。”这表明，在马克思的唯物史观体系中，上层建筑具有物质与意识的二重属性。一方面，它受经济基础的约束，这是物质的，不以人的意志为转移的；另一方面，它又体现了意识的相对自主性，在物质基础的规定范围内自主选择法律的、政治的、宗教的、艺术的、哲学的形式。而在私有制的社会里，政治的上层建筑就是国家。私有制产生阶级分化，阶级分化导致阶级对抗，当矛盾不可调和时就产生了国家。国家在本质上是阶级统治的工具，是维护统治阶级的利益。这体现了经济基础对上层建筑的物质决定作用。另一方面，国家力求“缓和冲突，把冲突保持在‘秩序’的范围以内”。

这体现了上层建筑的意识自主性。所以，恩格斯说，国家是从社会中产生（物质属性）但又居于社会之上（意识属性）的力量。因而，中西封建社会有相同的经济基础却有不同的政治上层建筑，并不违背马克思和恩格斯的唯物史观理论。政治上层建筑的阶级性质是由经济基础决定的，最终是由生产力决定的。正所谓“手推磨产生的是封建主的社会，蒸汽磨产生的是工业资本家的社会”。而政治上层建筑的制度形式则是多样的，体现了国家的相对自主性，也就是恩格斯所说的国家“同社会相异化”。

3. 中西封建政权都是地主阶级的统治工具

（1）中国封建国家的起源与农业生产密切相关。“社稷”与“天子”是古代国家的两个核心概念。“社”是土地，“稷”是五谷，也就是说古人把农业视为国家的根基。“社稷”与“天子”正对应了农业社会的经济基础与上层建筑。虽然中国早就确立了君主专制和官僚制，但在底层的统治形式仍然是家族自治。一个村庄就是一个大家族，族长就是地主，宗法家规相当于自治法律。这与西欧的封建庄园没有太大区别。支撑中国历史大一统局面的更多的是政治文化。地主知识分子（主要是儒士）将治家之道与治国之道统一起来，如“修身、齐家、治国、平天下”“君君臣臣，父父子子”，“出不负君，移孝作忠。处不负亲，忠籍孝崇”。通过这样的理论包装后，皇权统治就有了地主根基，而地主的家族自治也有了皇权保障，维护皇权就是维护封建秩序。这正对应了马克思和恩格斯所说的上层建筑的相对自主性。

（2）西欧的封建政权是对农业生产关系的直接反映。日耳曼民族在向西欧迁移的过程中，逐渐适应了定居的农业生活，并保留了原有的氏族部落组织形式，从而形成了封建庄园。按照日耳曼的习惯法，小的封建主委身于大的封建主以求得庇护，或者大封建主以土地封给扈从骑士。地主贵族依然保持很大的自治性，没有形成中央集权式的政权，只是继承了罗马帝国的皮囊。西欧封建社会后期的王权集中趋势，也是地主统治的形式。用安德森的话说，西欧的绝对主义国家是“经过重新部署和装备的封建统治机器”，“是受到威胁的贵族的新政治盾牌”。

案例评析：

从历史视角比较中西封建社会的异同，然后回到马克思、恩格斯的经典论述中，以唯物史观理论认识中西封建社会，有利于加深学生对封建社会的理解。

（节选改编自许亮的《下同上异：中西封建社会比较》）

思政案例二

思政元素：

2020 年 12 月 10 日，习近平总书记强调，“各级党委和政府要高度重视技能人才工作，大力弘扬劳模精神、劳动精神、工匠精神”。

案例内容：

许多教育研究者把欧洲中世纪的“行会制度”作为职业教育的起源，或者认为“行会制度”是最早的职业教育制度，这一结论在很大程度上带有想象成分。手工业在父系氏族社会里就已经从农业中分离出来，但是手工业者的地位一直不高。“到了罗马历史的末期，手工业变成了道德败坏的标志。”应当说，手工业者地位低下与农业社会中商品交换的需求量不大有关。然而，人类对商品交换的需求不断增大是历史的趋势。辉煌的古罗马城市进入中世纪封建社会之后就开始江河日下，教主和封建主捆在一起瓜分了土地，各级封建主都带着臣仆与农奴居住在自己的领地里。城市不再重要。

随着手工业和商业的发展，手工业者和商人在交通要道、渡口、城堡等处定居下来进行经营活动，人群的聚集行为使得新型城市建立起来。由于城市的土地仍然属于封建主，所以手工业者和商人开始为取得城市独立而斗争。11 世纪，斗争的结果是平民与封建主缔结了“城市自治特许权”的和平条约。但是，平民与封建主缔结的和平条约仍然是在封建社会里实现的。中世纪行会组织的演变过程，就是封建社会的生产关系向资本主义社会的生产关系演变的过程。手工业生产属于小商品生产，它维持的条件是市场规模比较小，供求大体平衡。10 世纪，手工业技术水平提高，市场规模逐渐扩大，局部的供求平衡被打破。11 世纪，对手工产品需求的增加促使有实力的行东试图突破行会制度，进而采用新技术扩大生产规模。但是，行会制度并不是那么容易突破的。

最初，行会制度及其职业伦理的一个非常重要的方面就是防止竞争。为了防止竞争，行会设置了“开业限制”，即开设作坊必须先取得行会会籍并提出开业申请；“规模限制”，即限制年产量、学徒人数和设备数量等；“技术限制”，即对技术保密、确保产品质量、抵制新技术等；“经营方式限制”，即禁止贩运、沿街叫卖、削价出售等，也限制作息时间。提出“防止竞争”这种职业伦理是与封建经济条件相符合的，即当时整个西欧社会的经济主体仍然是封建主统治的庄园经济，而西欧城市是集市贸易发展的产物，城市里的市民阶层需要维持一种小规模生产的市场贸易来进行自我保护。行会实行的是“行东、帮工、学徒”的层级制度。行东同帮工、学徒之间的关系，不是简单的雇佣与被雇佣关系，而主要是师徒关系、学艺与传艺关系。学徒没有工资，学艺期间一般住在行东家里，算作行东家庭的一分子。师傅（行东）对于徒弟（帮工、学徒）的技术传授基本上是一对一或者一对二的训练。这是因为行会制度限定了帮工和学徒的人数。手工业经济属于小规模经济，行会制度必须适应和保护这种分工细致的小规模经济。可见，行会制度并不需要大量的同类技术人才，否则就会在人才竞争中破坏市场经营格局。由于不需要大量同类技术人才，大规模的职业教育是不必要的。在这个意义上，我们可以得出这样的结论，中世纪行会里的仅适用于小规模经济的“师徒制”，还不能构成真正意义上的职业教育的历史起点。但是，我们必须承认行会“师徒制训练模式”的进步意义。

初期的手工业行会具有显著的民主精神，将从学徒到师傅这一阶梯，开放给所有经过考核合格的人。只是在 14 世纪以后，行会的民主精神才逐渐发生蜕变。

中世纪行会的“师徒制训练模式”孕育了职业教育。匠师和学徒之间的关系是家长式的。学徒被看作匠师家庭的成员，他的品德教育是和他的技术教育受到同样的重视。学徒缴付学费，获得膳宿，但没有工资。学习时期从 2 年到 7 年不等。“日工”或“帮工”所得的工资是很少的。匠师是一个卓越的手工业者。他们教导学徒的方式，一般是口头的或用实例的。“师徒制训练模式”的内容在很大程度上属于职业伦理的要求，或者说属于“行规训诫”。当然，技术上的严格要求也是其中重要的内容。所有从业人员必须具备良好的职业道德，确保产品质量，不能出售假货和赃物等。

13 世纪，巴黎旧衣商行会章程有这样的严格规定：任何人若欲在巴黎郊区充当估衣商，必须在本行业的首长和两个仲裁员面前，凭保护神宣誓“愿意按照本行业的惯例，老老实实、规规矩矩地做生意”。也就是说，估衣商不会明知故犯地从一个小偷手中买进东西；如果他不知道这些东西的来历的话，不会买进潮湿或有血渍的东西，不会从巴黎郊区的麻风患者处买进东西，也不买进宗教法服，除非这法服由于正当的使用已经破旧。任何人如违反上述规则之一，就将丧失他的买卖。他不应也不得再做这项生意，除非他已重新领取本行业的执照并按上面的规定再进行宣誓。

中世纪中期是行会经济的全盛时期。从当时的社会现状来看，虽然商业和手工业行会提升了劳力者的职业劳动的地位，但是当时的主流文化仍然是封建贵族的。事实上，14 世纪以后，富裕起来的大行东就逐渐从民主和平等的行会制度中摆脱出来，变成了资产阶级新贵族，那些在阴暗潮湿的乡村城堡里变得贫穷的小封建贵族则逐渐失去了他们的地位。新的经济基础催生了新的上层建筑。但是，大量的一无所有的自由工人也在生产资料的重新分配中诞生了，他们等待着大工业经济模式的训练和征召。

查阅大量的中世纪史资料，没有发现行会经济的全盛时期出现过专门的“行会学校”。首先，“行会教育”并不被作为中世纪教育的一个事件存在；其次，行会经济对于教育形态的影响是大学的建立。大学本身也是一种行会组织。大学的诸多制度，如大学章程、执教权、就职礼、学位仪式等，也都借鉴于行会制度。没有专门的“行会学校”符合历史逻辑，因为当时的行会制度限制学徒人数，也禁止公开技术秘密，加之当时的教会学校非常兴盛，行会成员都是虔诚的天主教徒。所以，任何一个行会都不可能开办属于自已的培养技术人才的“行会学校”，否则就必然与当时的行会制度产生矛盾，也与教会教育产生矛盾。由于教会一开始就把学校作为“教会的事工”，所以欧洲学校长期以来都是教会的附庸。“教会垄断了教学和识字的机会，没有教士的帮助，即便是政府里面最简单的工作任务——草拟命令或者制定宪章等——都无法进行。”

中世纪的教育，在总体上属于封建贵族教育向资产阶级贵族教育过渡的“人文主义教育”，而为大工业培养技术人才的职业教育还没有诞生。人们还不认为培养从事手工业劳动的人需要进行“学校教育”。相对于资产阶级在经济基础上逐渐登上历史舞台，教育的发展仍然是滞后的。这意味着，14 世纪以前还没有出现所谓的“行会学校”。14 世纪以后，随着文艺复兴运动的深入，个别地方才出现了为穷人孩子办的“实业教育”的历史记录。可能有人会反驳说，这里所说的是职业“学校”的出现，而不是职业“教育”的诞生；你可以说 14 世纪以前还未出现职业“学校”，但不能否定此前存在职业“教育”——“师徒制”就属于“职业教育”，现在不是仍然有“师徒制”这样的职业教育形式吗？这里，我们必须首先澄清狭义的教育和广义的教育的概念。

狭义的教育，是指有目的、有计划、有组织地对受教育者身心施加影响的活动，一般指学校教育。广义的教育，包括一切影响人的知识、思想和品德成长的活动，一般指家庭教育和社会教育，它在原始公社的时候就已经存在了。探讨“职业教育”的起源，我们也要区分狭义和广义。广义的“职业教育”就是“教育”。在原始社会，所有的教育都是指向职业的，当所谓“自由教育”出现之后，教育的狭义解释才慢慢出现，即一开始就把“教育活动”停留在一部分有闲阶级的层面，劳动（体力劳动）阶级则被剥夺了受“教育”的权利。所以，狭义的“职业教育”是争夺教育平等权的产物。

14 世纪以后，随着行会制度的衰落和大工业经济的诞生，在广泛的意义上（突破行会限制）出现了专门培养劳力者劳动技能的教育形态。更重要的是，为劳力者子弟提供的专门训练劳动技能的机构（具体的职业教育形态）被纳入国家教育制度，这应是职业教育诞生的标志。但是，贵族阶级仍然不承认所谓“职业教育”，仍然坚持只有“自由教育”。“职业教育”在 14 世纪以后虽然获得了政治制度上的认可，却在社会意识形态和人的追求上处于非常次要的地位，职业教育还没有自己的哲学基础。12 世纪至 14 世纪，欧洲的确处于“体力劳动”地位的上升期，也是劳力者和劳心者的斗争期，或者说，是封建社会逐渐瓦解而资产阶级和工人阶级逐渐登上历史舞台的时期。反映在教育上，这个时期是职业教育的孕育期，是教会教育向世俗教育的过渡期。但是，“过渡期”并不意味着已经具有了完全的职业教育形态，因为教育行动的滞后性，这个时期可能会有职业教育思想（对职业教育的呼唤），但不会有职业教育形态，更不存在职业教育形态被纳入国家学制体系的现象。

行会“师徒制”不是职业教育，因为其仍然停留在对劳力者的训练阶段。即“师徒制”并不属于狭义的“教育”，它只是将劳力者的技能传递变得更有组织而已。当时的社会并没有承认“师徒制”是一种教育，因为当时仍然属于“贵族社会”，主流意见仍然把“自由教育”作为唯一的教育形式，国家教育制度中并没有“师徒制”的位置。从当时的学校建制上说，也没有证据能够证明劳力者已经获得了教育权，即有专门训练劳力者技能的学校。虽然这个时期的教会教育已经有世俗性，但只是表现为教育对象的扩大和教育内容的世俗倾向（如计算、测量等），还够不上“手艺人才训练”。我们也可以运用反证法进行论证：如果承认“师徒制”是最初的职业教育，那么职业教育的起源就不是中世纪，而应该发生在更早的阶段，如中国的春秋战国时期、欧洲的古希腊时期，因为那个时期就已有“行会”了。如果我们把跟师傅学习劳作技能和“行规”算作职业教育的话，那么职业教育的起源可以上溯到更早的原始社会。如果把技能训练和制度学习作为职业教育发生的标志，那么为什么又单单把欧洲中世纪的行会教育作为职业教育的起源呢？难道是因为在它之后就发生了资产阶级工业革命吗？或者是因为学者们对中世纪行会制度情有独钟？由于“行会制度”对技术保密，限制技能竞争，并没有摆脱教会教育的传统，所以“行会制度”虽然在一定程度上呼唤职业教育，但还不是真正意义上的职业教育。

案例评析：

行会制度符合封建社会的经济条件。这个时期的学校是教会的附庸，行会成员的努力方向是获得贵族身份，还没有出现专门的培养商人和手工业者子弟的“行会学校”。

（节选改编自徐平利的《中世纪行会制度与职业教育的孕育》）

第四章　古代世界的贸易活动

思政案例一

思政元素：

马克思曾指出："火药、指南针、印刷术——这是预告资产阶级社会到来的三大发明。三大发明变成科学复兴的手段，变成对精神发展创造必要前提的最强大的杠杆。"

案例内容：

古代丝绸之路是人类历史上文明交流交融最耀眼的舞台，它浓缩了亚欧大陆漫长历史时期的经济、政治、文化、社会的演进，见证了东西方物质文明和精神文明的交流与交融。在古代丝绸之路上，商品互通、文化交汇、文明包容、人文交流、科技互动，沿线各国人民共同谱写了经济互利、人文互启的伟大的史诗乐章。

古代丝绸之路跨越埃及文明、巴比伦文明、印度文明、中华文明的发祥地，跨越不同国度和肤色人民的聚居地。不同文明求同存异、开放包容，共同绘就了人类文明繁荣的壮丽篇章。古代丝绸之路成为人类历史上文明交流、互鉴、共存的典范，具有重要的历史价值。

（1）古代丝绸之路开创性地打通东西方大通道，首次构建起世界交通线路大网络。

古代丝绸之路纵横交错、四通八达，堪称世界道路交通史上的奇迹。大大小小、难以胜数的中外交通线路，构成古代丝绸之路的"血脉经络"，构建了古代东西方世界相互连通的交通网络，成为亚欧大陆最为便捷的通道。

公元前6世纪中叶，波斯（古代伊朗）崛起，成为横跨亚欧非的庞大帝国，为三大洲道路连接提供了条件。公元前 4 世纪，随着亚历山大东征，贯穿东西的交通线得以连通，由欧洲、中亚进入中国中原的交通线也畅通起来。公元前 138 年，汉武帝派遣张骞出使西域，正式贯通了中原至西域的通道。73 年，班超前往西域，之后甘英奉命出使大秦（罗马帝国），由此打通了由西域至条支（在今伊朗一带）和安息（西亚古国），并抵达波斯湾沿岸的道路。与此同时，海上丝绸之路也开始出现。西汉中叶，汉武帝遣使远航，到达锡兰（今斯里兰卡），成为海上丝绸之路的发端。有人把古代陆上丝绸之路的主线划分为西北丝绸之路、北方草原丝绸之路、南方丝绸之路和东北亚丝绸之路，把古代海上丝绸之路的主线划分为东洋航线、南洋航线和西洋航线，但事实上，古代陆地和海上通道远比这些多。众多的通道使得人畅其行、物畅其流，东西方使节、商队、僧侣、学者、工匠川流不息、络绎不绝，沿线国家商贸与人文交流的半径由此被大大扩大，贸易市场的半径由此被大大扩大。唐朝宰相贾耽记载了唐与大食（阿拉伯帝国）之间的“安西入西域道”和“广州通海夷道”，同一时期的阿拉伯地理名著《道里邦国志》记载了连接阿拉伯世界与中国的“呼罗珊大道”。中外文献对丝绸之路相向而行的记载彼此呼应，表明丝绸之路不仅通衢广陌，并且是最具活力的国际贸易走廊。道路的互联互通，既是古代丝绸之路持续发展最基本的前提，也是古代丝绸之路最突出的标志。

（2）古代丝绸之路极大地促进了商品大流通，率先实现了东西方商贸互通和经济往来。

丝绸之路是古代东西方商贸往来的生命线。通过丝绸之路，我国的丝绸、茶叶、瓷器、漆器等商品源源不断输出到沿线国家；来自中亚、西亚以及欧洲的珠宝、药材、香料以及葡萄、胡麻、胡桃、胡萝卜、胡瓜等各类农作物进入我国。丝绸是沿线国家商品交易中最主要的高档货物。原产于我国的丝绸，在古代西方国家十分名贵。在古希腊购丝绸、穿丝绸成为富有和地位的象征。5 世纪前后，我国茶叶通过陆地和海上丝绸之路陆续传入南亚、中亚、西亚；15 世纪，茶叶一经传入即风靡整个欧洲。茶叶贸易使沿线国家的贸易收入大幅增加，带动了沿线经济的繁荣及相关行业的突飞猛进，转口贸易也随之得到长足发展。茶叶改变了中世纪欧洲人的生活方式，茶叶贸易影响了中世纪欧洲的资本和经济体系。17 世纪以前，中亚和欧洲人日常使用的器皿主要是陶器、木器和金银器。随着中国瓷器的大量输入，西方不仅兴起了一股“中国热”，而且掀起了一场日用品革命。欧洲制瓷业兴起，传统的生产、生活方式随之发生重大变革。

（3）古代丝绸之路推动了科学技术的交互传播，广泛而又深刻地推动了沿线国家生产进步乃至社会变革。

丝绸之路是我国与沿线各国科学技术交流的重要平台。在欧洲近代工业革命之前，我国古代的四大发明以及炼铁术等技术，通过丝绸之路相继传入西方，成为推动资本主义生产方式变革的重要因素。我国古代造纸术大约在4世纪传入朝鲜和日本，在8世纪传入中亚、北非和欧洲。751年，怛逻斯战役中被大食俘虏的唐朝士兵不少擅长造纸，大食依靠他们在撒马尔罕开办了造纸厂。“撒马尔罕纸”以其精美适用而闻名遐迩。8世纪末，阿拔斯王朝先后在巴格达、大马士革开办造纸厂，大马士革一度成为欧洲用纸的主产地。造纸技术又传到埃及、摩洛哥。随着12世纪西班牙、法国出现造纸作坊，中国造纸术席卷意大利、德国、英国。我国古代印刷术是沿丝绸之路西传的又一重要技术。早在7世纪我国就发明雕版印刷，在吐鲁番、敦煌等地发现了用于雕版印刷的木刻板和部分纸制品。北宋时期，在毕昇发明活字印刷术不久，该技术即通过海上丝绸之路传播到朝鲜、日本、越南等国。13世纪，沿丝绸之路来到中国的欧洲人将这一技术带回欧洲。1466年，欧洲第一家印刷厂在意大利设立，印刷技术迅速传遍整个欧洲。英国学者弗朗西斯·培根盛赞中国火药、指南针、印刷术，他说：“这三种发明已经在世界范围内把事物的全部面貌和情况都改变了”。事实上，我国四大发明的西传，为欧洲文艺复兴和资本主义的产生提供了重要条件。

（4）古代丝绸之路助推了多样性文化交流，是东西方不同国家、不同种族、不同文明相互浸染、相互包容的重要纽带。

古代丝绸之路和海上丝绸之路是不同民族和不同文化相互交流、彼此融合的文明之路。古代丝绸之路横跨亚欧非数十国，使中华、印度、埃及、波斯、阿拉伯及希腊、罗马等古老文明相交融。东西方文化交流遍及音乐歌舞、天文历算、文学语言、服装服饰、生活习俗等社会生活的方方面面。比如古代丝绸之路沿线各国的民乐相互传播、相互影响、相互借鉴，通过与当地音乐形式、演奏技巧的有机融合，不仅成为沿线国家民族化、地域化的代表和标志，而且深深地镌刻在沿线各国各民族文学、戏曲、歌舞伴奏、民间生活等各个方面。曾经活跃在丝路之上的人们，历史无法一一记录他们的名字，但仍然有不少文化使者名垂千古。六次东渡终获成功的鉴真，在日本弘传佛法，开创门派，被日本人民誉为“文化之父”“律宗之祖”“天平之甍”。14世纪初，阿拉伯伟大的旅行家伊本·白图泰从非洲之角摩洛哥来到我国，书写了中阿文化交流新篇章。1405年至1433年，郑和七下西洋，扬帆9万里，足迹遍及西太平洋和印度洋30多个国家和地区，使中华文明远播四海。早在1世纪初，儒学已传入朝鲜，《诗经》和《春秋》等儒家典籍成为朝鲜人的经典读物。5世纪以前，儒学经朝鲜传入日本，据《古事记》所载，百济的阿直岐、王仁是最早到日本的儒家学者。隋唐时期，日本派遣隋使、遣唐使和留学生、留学僧学习中国文化。他们回国后借用汉字的偏旁部首和草书，创造了日文的片假名和平假名，而儒家文化随之普及到日本社会各个阶层。文化的交流、交融和互动，与古代丝绸之路的发展相伴始终。古代丝绸之路在把多种文化、多种文明紧紧连接起来的同时，形成了别具一格的丝路文化和文明，对世界文明的发展和人类的进步做出了不朽贡献。

虽然古代丝绸之路在不同历史时期有起有伏，但通过贯穿东西方的陆海通道，最终实现了人类文明史上商品物产大流通、科学技术大传播、多元文化大交融，这是不争的事实。古代丝绸之路的兴衰史，对于推进“一带一路”倡议具有重要的启示作用。

（1）经济社会的繁荣是基本动因。

经济繁荣是国运昌盛的缩影，是古代丝绸之路形成和发展的先决条件。从历史上看，古代丝绸之路兴盛之时大都是古代中国强盛之时。从汉唐到宋元，从明代到清中叶，我国综合国力强盛，为古代丝绸之路的发展奠定了基础、提供了可能。两汉时期，我国经济发展领先于世界。铁器与牛耕普遍使用，水利设施大量兴修；冶铁、铸铜、煮盐、纺织和漆器业兴起。官铸五铢钱的通用，为商业注入活力，使商品交换从以物易物转为物币交换，带动了长安、洛阳、邯郸等商业性都会的兴旺。长安九市中以东、西二市最大，尤以东市最繁华，市内商贩云集，商铺林立，各类货物琳琅满目。经济的高度繁荣，使我国成为古代丝绸之路发展史上当之无愧的引领者。而古代丝绸之路聚合了沿线国家和地区的商贸、产业、资源配置，成为各方利益交汇的经济走廊。历史表明，经济的进步和繁荣既是丝绸之路形成的基础，也是丝绸之路持久兴旺的动力源泉。

（2）政府引导与主体参与有机统一是客观要求。

历代政府在古代丝绸之路发展中发挥了不可或缺的作用。西汉政府设置大鸿胪一职，专门负责接待外国贡使和商人，同时建立了“过所”制度，对过往人员进行规范管理。北魏朝廷在洛阳设立“四夷馆”，款待外国商人和使节。唐朝政府对外商实施保护政策，下令任由外商贸易往来，不得重加税率。继714年唐朝政府在广州设市舶使后，971年起，宋朝在杭州、明州（今宁波）、泉州等多处设置市舶司掌管海上贸易。元朝颁布了保护船商的

“市舶则法”，制定了由国家出财资，船商进行海上贸易的“官本船”制度等。当然，古代丝绸之路贸易往来最活跃的元素主要来自民间，甚至民间贸易始终占据着古代丝绸之路最显著的位置。往来于古代丝绸之路的群体，几乎囊括了沿线各国各地区各民族，包括了僧侣、学者、工匠、商队、贩客等，呈现出参与群体多元化、贸易行业多类型、贸易形式多样化的特征。历史表明，政府支持与多元主体参与的共同作用，是古代丝绸之路繁荣发展的基本保障，二者缺一不可。

（3）和平稳定是必要前提。

古代丝绸之路之所以伟大，就在于基于和谐的政治氛围、融洽的民族关系、安定的沿线环境，实现了东西方跨国商贸活动和跨种族文化交流。古代丝绸之路从形成伊始，就与沿线国家政治的稳定度、彼此关系的和谐度息息相关。我国始终以和为贵、以诚相待，与沿线国家维系了长期和平稳定的政治关系。“国之交在于民相亲”，这一关系在中国与沿线国家人民持久友好的交往中得到体现和印证。汉唐宋元时期，国家统一、社会稳定，先后与沿线上百个国家或民族和睦相处。古罗马、波斯、大食相继兴盛一时，它们与我国相互尊重、友善交往。“使者相望于道”“商旅不绝于途”，丝绸之路赢得了大发展、大繁荣。东汉末到隋朝、晚唐到元初，中原内乱、民族分裂、社会动荡，对外关系交恶、战事冲突频发，沿线安全无保障，商贸活动被冲击，丝绸之路不可避免地陷入萧条和萎缩。与西方资本主义列强通过血腥扩张建立殖民统治形成鲜明对比的是，尽管我国是推动古代丝绸之路形成和发展的最重要国度，但从来没有借此对外侵略扩张，更没有因为古代丝绸之路的方便占有他人一寸土地，因而赢得了沿线国家的信任和仰慕，古代丝绸之路因此成为各国共享和平、共同发展的典范。

（4）开放包容是重要支撑。

沿线各国人民之所以能共同创造古代丝绸之路的辉煌，核心的理念就在于“开放包容”。在古代丝绸之路贸易中，我国一向推崇讲情重义、先义后利、互惠互利。讲诚信、重公平，始终是古代中国与沿线各国贸易交往的行为规范。“海内存知己，天涯若比邻”，古代中国之所以有庞大的丝绸之路“朋友圈”，得益于开放，受惠于包容。历史表明，没有哪一个民族的智慧能独立支撑整个人类的进步和发展，不同国家和民族只有相互尊重、彼此包容，才能创造出引领时代的文明成果。

（5）文明互鉴是动力源泉。

古代丝绸之路是人类文明交流的重要通道，持续的跨文明交流对话，记录并见证了沿线不同国家、众多民族的成长历程。古代丝绸之路成为全人类的集体记忆。古代丝绸之路之所以持续时间长、富有生命力，在于思想文化纽带的连接、精神力量的支撑和多元文明的传承。历史表明，多种文明汇聚而成的价值底蕴，是古代丝绸之路充满活力的源泉。文化的互学互鉴，是古代丝绸之路生生不息的精神支点，是古代丝绸之路魅力永恒的精髓所在。在“一带一路”倡议中，只要坚持“丝路”精神，不同种族、不同信仰、不同文化背景的国家才可以共享和平、共同发展。

古代丝绸之路深厚的历史积淀具有重要的实践价值。古代丝绸之路的历史，不只是人们的记忆，更是“一带一路”建设继往开来的底蕴所在。

案例评析：

古代丝绸之路拉开了中国与西方的经济、文化交流的序幕，对亚欧大陆各国人民交往影响十分深远。

（节选改编自李国强的《古代丝绸之路的历史价值及对共建“一带一路”的启示》）

思政案例二

思政元素：

2016 年 4 月 29 日，中共中央政治局就历史上的丝绸之路和海上丝绸之路进行第三十一次集体学习。习近平总书记在主持学习时强调，“我们必须以更高的站位、更广的视野，在吸取和借鉴历史经验的基础上，以创新的理念和创新的思维，扎扎实实做好各项工作，使沿线各国人民实实在在感受到‘一带一路’给他们带来的好处。”

案例内容：

在当代经济的发展过程中，中国在半殖民地经济的基础上，仅经过了几十年的发展就能取得如此巨大的成就，让英、法那些经历了几百年积累才完成蜕变的老牌资本主义国家实在心有不甘。于是，许多学者开始进行思考这种现象的根源到底何在。在众多的原因中，其中有一派学者看到了亚非拉国家在古代社会的优势地位，也就是以反驳“欧洲中心论”为代表的一系列理论，他们主要论证了古代亚非拉国家对世界经济的重要影响。

在学者们的论证中，都会提到中国在古代世界贸易中的重要地位。在这一传统贸易中，中国的主要活动是出口。据经济史学界的权威估计，从1493年到1800年，世界白银产量的85%和黄金产量的70%来自拉丁美洲。18世纪，拉丁美洲的白银产量约为74 000吨，其中52 000吨运抵欧洲，这其中的40%约20 000吨运往亚洲。另外，美洲本土剩余的白银约有3 000吨经马尼拉大帆船来到中国，再加上日本和其他地区的白银，全球白银总量的一半抵达亚洲，尤其是中国和印度，而中国又被称为世界白银的“终极密窖”。那些外汇的赚取正是由于传统中国最优秀的物产：丝绸、茶叶、瓷器等。这些物产不只是在古代，即使是在今天，也依然是中国魅力的象征，但它们在近代经济中所发挥的作用大打折扣。

为什么中国传统工艺的光芒在西方近代科技发展的情况下立刻被彻底掩盖了？原因在于，中国传统经济是建立在自然经济基础上的，是一种内向型经济，对外基本没有依赖，体现出了巨大的出口优势。正是这种“封闭”优势，使中国传统工艺在古代社会能够胜出。这也进一步加深了中国传统工艺的封闭，使它随着近代科技的崛起迅速败落。

无论是中国的茶叶、东南亚的香料，还是美洲的烟草都是地域性的特产。中国是世界茶叶的原产地，千百年来，中国茶叶是世界茶叶消费市场的最主要来源。早在南北朝时期，中国的茶叶就已经开始外销。民国时期出版的《茶叶产销》一书提及，“五世纪后期，土耳其人至蒙古边境，以物易茶，首肇其端”。此后，周边国家开始从中国进口茶叶，但数量较少。据说，西方人的饮食习惯使其痴迷中国的茶叶。17世纪，茶叶成为中外贸易的重要商品。18世纪，茶叶占据了对外贸易的主导地位。据主要茶叶输入国家的推算：中国对外输出的茶叶在18世纪在8 889 241担以上，在19世纪的前40年就达到了1 500万担。由于茶叶的特殊作用和它所带来的巨大利益，西方国家在对待中国茶叶方面采取相互竞争。1776年，英国从中国运出3 402 415吨茶叶，占中国茶叶总输出量的20.9%，荷兰遂从中国运出4 923 700吨，占中国茶叶总输出量的30.3%。其后，英国逐渐增加运输船队的规模。1791年，英国的运茶量达到22 369 620吨，几乎把荷兰挤出了中国市场。但随后，荷兰专心发展爪哇茶，进行对抗。经分析推算，18世纪，荷兰从中国运出茶叶大约178万担，英国大约从中国运出400万担，其他各国大约从中国运出800万担。中国通过茶叶贸易赚入了1.2亿~1.3亿两的白银。茶叶刚传入欧洲的时候，被当作稀罕之物，价格十分昂贵。在17世纪的欧洲茶叶市场，每磅[①]茶叶需银100元；1657年，英国最早的茶商托巴斯·卡洛韦出售的茶叶的每磅价格为6~10英镑。英国政府对茶叶按照奢侈品课税，每加仑纳税6便士。“光荣革命”以后，英国于1689年修改《液量税法》，茶价才随之下降。从18世纪20年代开始，英国政府几次下调茶价，1磅茶叶8先令，茶叶才真正走向普通百姓，但茶的消费量也大增。不仅英国，美国、法国等国家的茶叶市场也出现过巨大调整，调整的结果是中国“茶叶价格因需求的关系而陡涨”。

在古代各国联系不发达的情况下，茶叶这类依靠自然优势而获得青睐的产品，必然取得了无可比拟的“专利”地位。它的专有和被需求，导致产出国在古代世界贸易中获得了一定的支配地位，这种支配在物质方面的表现也就是赚进了大量的白银。而且土壤这种先天的优势是不可能被偷盗的，尤其在科技不发达的情况下还是难以复制的。但受到茶叶利益的巨大刺激，其他各国也纷纷发展本国的制茶业，并不断地冲击着中国的茶业。在封建制度下，茶叶经营的表面繁荣掩盖了厘税过重、茶叶粗制滥造、剥削加重等问题。虽然有识之士有所注意，如《申报》就不止一次指出，印度茶制作精细、质量高，日后必将成为华茶的劲敌，或导致“中国茶生意日废矣”，但并未得到重视。直到1886年茶叶出口的高峰到来，也就到了总危机爆发的边缘。其实早在19世纪70年代，汉口、上海各地的茶商，对中国茶叶的采购就采取非常审慎的态度，中国茶叶出现了滞销的状况。受各种因素的影响，各种茶价不断下跌，中国茶叶的价钱必然受到影响，中国茶叶的出口总值也不断呈下降趋势。

中国茶叶行业的衰落首先从茶商开始，“二十年来，以业茶起家者，十仅一二；以业茶破产者，十有八九”。随之而来，茶农的生活也困苦不堪，昔日著名的茶区已经呈现出一幅凄凉景象。此时，印度茶、锡兰茶、日本茶却迅猛发展，尤其是印度茶、锡兰茶成为中国茶的劲敌。1890年，印度茶出口超过1亿磅，超过中国茶出口的1倍多。锡兰茶的发展虽然起步晚，但速度极快，仅1880年，茶园面积就比1875年增加了13倍，并实现了机械化，首先进军英国市场，逐渐与中国茶抗衡。日本绿茶的扩张也进一步威胁了中国茶的地位。1874—1875年，日本输入美国的绿茶，首次压倒中国绿茶的输入量。1886年以后，日本每年茶叶的输出量基本保持在30万担左

---

① 1磅约等于453.59克。

右。随后而来的爪哇在茶叶生产出口领域奋起直追，在20世纪初成为世界第四大茶叶输出国，并于1915年突破亿万磅，在1918年位列中国之上。随着西方殖民时代的到来，亚非拉国家成为殖民地或半殖民地，其海关长期被西方国家把持，殖民地或半殖民地国家出口产品在对外贸易中的竞争力受到制约。近代科技的发展，工业制成品利润的增加，使茶叶这类初级产品在世界贸易中的收益大大降低。即使在殖民体系崩溃以后，虽然茶叶这种初级产品的需求有增无减，但由于工业制成品在贸易中的主导地位，以及世界贸易中的相关规则的确立，茶叶已经不能再“专其利”了。

丝绸和瓷器是中国古人智慧的结晶，精美的外观和它所体现出来的尊贵奢华，使它一直受到人们的青睐，因此对其工艺的掌握也体现为一种绝对的优势。据考古发现，中国丝绸西传最晚不迟于周秦时期。大量丝绸被运到罗马帝国，贵族们不惜高价竞购，甚至使丝绸与黄金同价。从此，中国丝绸在西方世界的“尊贵”地位确立了。

在中国的对外贸易中，不仅在西北，在西南和东南海上都有“丝绸之路”，从这一名称中，我们也不难看出丝绸在中国对外贸易中出现的时间早及其拥有着十分重要的地位。地理大发现以后，中西方的交流增加，尤其是唐宋以后，海上丝绸之路的开通，丝绸的输出也呈现出前所未有的状况：中国的丝绸向东输出到朝鲜、日本；向南到南亚、东南亚；向西到西亚、欧洲、非洲诸国。据葡萄牙人记载：“在16、17世纪间的50余年内，葡船每年自澳门运往长崎的华丝，少时约1 500担，多时约3 000担。”菲律宾的西班牙殖民者在万历三年（1575年）开辟了一条由中国到菲律宾到墨西哥的“太平洋上的丝绸之路”，中国的货物由广州、福建出发，运到马尼拉，再由马尼拉大帆船运到墨西哥、秘鲁等地。

18世纪末，在墨西哥的进口总值中，中国的丝绸产品占63%。大规模的丝绸贸易不但使做中转贸易的各国商人们大发横财，也给中国带来了巨大的收益。福建的月港得益于海外丝绸贸易，从一个偏僻的小镇，一跃成为明代中叶的“小苏杭”，“富商远贾，帆樯如栉，物贸浩繁，应无虚日”。据统计，从康熙元年到鸦片战争前夕，中国开往日本的商船所载货物中70%以上是丝绸。据估算，明代后期的七八十年间，经菲律宾流入中国的美洲白银不下6 000万比索，相当于4 000万两库平银。

中国瓷器初创于商代。到了唐代，瓷器的制作技术达到了相当高的水平，开始由民间生活用品升级为贵族、皇室的奢侈品，并且出现了“奉御督烧”的贡品。也正是这一时期，中国的瓷器开始外传。这时候，瓷器外传主要依靠的是东南的海上“丝绸之路”，主要输往日本、朝鲜、埃及，以及西亚、南亚等国。虽然此时输入欧洲的瓷器较少，但也有一些瓷器贸易。

1611—1646 年，约有 1 100 艘中国“唐船”赴日，进行对日陶瓷贸易。1635 年，从我国台湾装运四船瓷器到日本，瓷器总数有 135 805 件之多，含 38 865 件青花碗、2 050 件青花盘、540 件五彩盘、94 350 件小碗和茶杯。在埃及考古发现的文物中，中国的陶瓷片约有 22 000 片，从唐代一直延续到清。地理大发现以后，葡萄牙成为第一个与中国直接贸易的欧洲国家，并成为中国瓷器的主要顾客。16 世纪，葡萄牙、荷兰利用东印度公司，每年运往西方的瓷器达几十万件。1573 年，从马尼拉驶往墨西哥阿卡普尔港的帆船中，载有中国瓷器 22 300 件。1602—1682 年，荷兰公司商船共运销瓷器 1 200 万件，其中中国瓷器占 98. 3%。仅在 1864 到 1791 年，东印度公司垄断了中国瓷器的进口，约有 2. 15 亿件中国瓷器被运到英国。1760 年，丹麦第三贸易公司的中国瓷器订单有 3 284 054 件，其中大部分为红茶杯。1784 年 8 月，美国商船“中国皇后”号首航广州，“返程货物就有瓷器 962 担，丝绸 491 担、南京织锦 24 担等丰富多彩的中国商品”。

由于瓷器的制作精良，以及在运输中的特殊需要，其价格一直居高不下，瓷器贸易给中间商带来了巨大的利益。瑞典的东印度公司 1732 年第一次来华贸易，赚进了 90 万克朗，而当时的瑞典国库仅有 100 万克朗。为避人耳目，每次返航后，公司都将账目付之一炬。从著名的“哥德堡”号沉船事件中的一些数字中我们还能一窥究竟：1745 年 9 月 12 日，满载 50 万件瓷器、370 吨茶叶以及大批丝绸的“哥德堡”号，在海上触礁，被抢救的货物接近总量的 1/3。经拍卖后，扣除损失和成本，此次航行还获得了 14%的利润。成化年间，浮梁人方敏私运“青白花边碗碟盆盏等瓷器二千八百个”到广东出海贸易，平均每个碗折米八斗五升余。虽然在对外贸易中，瓷器的收益是与茶叶和丝绸同时计算的，但通过上例我们可以粗略了解瓷器价格和其在贸易收益中所占的比重。

在中国古代手工业的发展中，官营手工业一直占据着主导地位，虽然在明代中期以后有所衰落，但这种衰落也是表现在手工业规模等方面，而那些最高级别工艺的代表还是官营手工制品，例如元代的青花瓷、明清的粉彩、其中景德镇官窑的制品更是堪称一绝。官营手工业的供应对象是宫廷或者贵族，它的发展几乎完全不依赖市场，是不以营利为目的的，这也就必然导致了手工业本身的封闭和保守。在这种情况下，即使民营手工业受到一定的外来冲击，传统手工技艺本身也不会遭受太大的损失，而这种优势是近代商品所不可能具备的。例如丝织业的发展，到了明清时期，虽然日本丝绸制品的质量已经赶上并且超过中国的丝绸产品，但中国的蚕茧、生丝依然代替丝绸维持着它的地位。

地理大发现以后，受到中国丝绸巨大利润的刺激，一些国家先后发展了丝绸业和瓷器制造业，冲击着中国手工业制品的“霸主”地位。其实，早在三国时期，朝鲜半岛的丝绸生产分布已经很广，新罗国王没岁“巡抚六部，妃阏英从焉，劝督农桑，以尽地力”。此时，中国的丝织提花和刻板印花技术也传到了日本，促进了那里丝织业的兴起。16 世纪以后，受中国丝绸的刺激，墨西哥的养蚕业开始发展，丝织业随之兴起，各丝织工场的工匠已万人有余。18 世纪中后期，欧洲制瓷业成本降低、质量提高，甚至进一步打开了世界市场；由于近代中西方地位互置，欧洲人追随东方艺术的热情已大大下降，瓷器所代表的“中国风”也就倍受打击。加之中国瓷器质量和产量的下降，导致瓷器贸易的利润大大下降。

随着近代西方资本主义国家不断兴起，古老的封建帝国江河日下，仰仗于“封闭”优势而盲目自大，为了避祸甚至闭关锁国，逐渐远离了世界大市场。《万历会典》记载，当时规定：凡将缎匹、绸、丝、绢、丝绵私出境货卖及下海者，杖一百，挑担载减一等，货物船只并入官。清朝为防范沿海的反清势力，在 1655 年下令“沿海省份应行严禁，毋许片帆入海，违者立置重典”，与世界发展趋势脱节，被时代远远地抛在后面。与此同时，西方资本主义国家迎来了工业文明，生产方式和社会生活都在发生着翻天覆地的变化，中国的瓷器和丝织品及其技术也就逐渐丧失了在世界上的领先地位。

自然“专利”和封闭优势使中国在古代的世界贸易中占据优势地位，但是由于这些产品自身的巨大局限性，所以只适合存在于古代社会封闭的环境中，而且这种发展模式本身也并不能够完全说明出口国的先进性。尤其随着世界各国的联系不断加强，传统技术外传并先后被超越，而自身对传统的产品的分散经营模式，以及技术革新较慢等因素，导致这些产品的封闭垄断地位丧失；加之中国的自给自足的自然经济，对商业的不重视以及只卖不买的传统观念的限制，国际贸易商品结构的变化，也使中国的初级产品优势地位逐渐丧失。近代科技不断发展，中国的初级产品自然也就被逐渐边缘化了。因此，在近代科技繁荣的条件下，要想谋求自身的发展，绝对不能以此作为“制胜法宝”，而是要努力掌握核心科技，努力争取进驻世界科技的中心地位。

案例评析：

在古代世界各国各地区相对封闭隔绝的环境下，中国利用茶叶、丝绸、瓷器等产品的技术的“封闭优势”获得了巨大的收益。但随着世界各国联系的加强，这种发展模式难以发挥原有的作用，中国优势渐失并逐渐被远远抛在了后面。因此，面对今天的发展形势，我们一定要把努力掌握核心科技作为制胜的法宝。

（节选改编自张苗的《古代中国对外贸易优势地位形成的原因》）

第五章　资本主义的起源

思政案例一

思政元素：

马克思在分析英国和印度关系时说："英国工业愈是依靠印度市场，英国厂主们就愈是感到在他们摧毁了印度本国的工业之后必须在印度造成新的生产力。"

案例内容：

就马克思关注资本的思想发展过程来看，他早在写《黑格尔法哲学批判》及《〈黑格尔法哲学批判〉导言》时期，即已意识到市民社会中的私有制问题才是现代国家问题的根源，由此其批判开始转向政治经济学领域。《1844 年经济学哲学手稿》中异化劳动的提出，是马克思对资本批判的首次尝试。此时，他其实仍在古典政治经济学的基础上将资本的形成理解为一种劳动的积累，即"资本是一种积蓄的劳动"，且"资本一般只有通过积累才形成"，其本质表现为"对劳动及其产品的支配权力"。在此语境下，马克思对资本的批判主要集中于它的"支配权力"所引起的劳动异化。值得注意的是，马克思在《1844 年经济学哲学手稿》的"序言"中就提到他对国民经济学的批判"全靠费尔巴哈的发现给它打下的基础"，虽然马克思从未成为严格意义上的费尔巴哈主义者，但此时他的批判逻辑依然建立在人本学的"应该"的基础上，尚未超出人本主义价值观的视角。这些只是马克思对资本如何诞生的理解的前奏，直至《评李斯特手稿》中生产力概念、《关于费尔巴哈的提纲》中实践观的提出才实现了对费尔巴哈的超越，即唯物史观的形成，马克思才最终在与恩格斯合著的《德意志意识形态》中形成了对资本主义起源的最初认识。

在《德意志意识形态》中，马克思和恩格斯从现实的物质生产出发，将资本看作分工与所有制发展的历史产物，认为“分工从最初起就包含着劳动条件、劳动工具和材料的分配，因而也包含着积累起来的资本在各个私有者之间的劈分，从而也包含着资本和劳动之间的分裂以及所有制本身的各种不同的形式”。在由分工的发展所促成的不同所有制下，资本分别表现为不同形态：从中世纪行会制度下城市中的“等级资本”、工场手工业时期的“活动资本”（资本已逐步褪去自身的自然性质）到大工业产业条件下的工业资本。至此，真正具有现代意义的资本才最终形成。此时的所有制形式在马克思那里意指生产关系，分工与生产力的发展引起所有制形式即生产关系的变化，由此而言，资本的形成是生产力与生产关系辩证运动的历史产物。但马克思此时只是根据生产力形式的变化去理解生产关系，尚未涉及两者内部之间相互依存又互相矛盾的互动性关系，这也体现了当时马克思在经济学方面的局限性，致使他还不能进一步对某一生产关系内部做更为深入的认识和分析。

在《德意志意识形态》中，马克思和恩格斯对资本主义社会诞生和社会形态演变的认识所遵循的是一般历史的物质生产逻辑，即将物质生产作为人类社会发展的永恒基础与最终动力机制。因此，在马克思那里，资本的诞生表现为一般历史层面的生产力与生产关系辩证运动的结果，他依此论证了资本主义社会诞生、成熟、灭亡以及人类社会走向共产主义社会的必然趋势。但关于资本主义的发生以及资本主义机制如何运作的问题，马克思除了将其归于一般意义上的物质生产和分工以外，尚未做出进一步的阐释。也就是说，此时马克思揭示了人类历史发展的阶段性特征，但尚未穿透资本主义现实去说明资本主义社会运行的内在机制和动力来源。这也是此时马克思初创的历史唯物主义的自身局限性之所在：从一般人类社会发展层面发现了具有基础性和决定性的物质生产的重要性，但尚需将其继续推进到对具体社会形态本质的解释。历史唯物主义理论的推进是以政治经济学研究为基础的，在《政治经济学批判》中，马克思对资本主义社会的具体批判推进了历史唯物主义的形成。

这一时期的《政治经济学批判》就是马克思的研究对象发生转换的体现：从一般层面上人类社会形态的演进逻辑，深入到对具体的、现实的资本主义社会及其结构———以资本为主导的统治形态的批判，从而确认了围绕资本逻辑运动所展开的现代社会形态并非如古典政治经济学家所言是“超历史”的，而是人类社会形态中一个暂时、有限的历史阶段。尤其是在《〈政治经济学批判〉导言》中，马克思认为，在每一社会形式中都存在一定的生产方式占据着主导地位，从而统摄其他一切关系及整个社会结构的形成。马克思称这种统摄性的生产为“特殊的以太”。例如，封建社会中占据主导地位的土地所有制，使其工业等部门具有土地所有制形式的特征，而在资本主义生产方式的主导下，农业等部门便开始被资本支配。以此为基础，马克思进一步指出：“资本是资产阶级社会的支配一切的经济权力。它必须成为起点又成为终点。”在《〈政治经济学批判〉导言》中，马克思除了对资本主义社会进行科学的、具体的、历史的确认之外，更重要的还在于形成了关于资本主义社会结构认识的新范式，即以政治经济学批判为基础的资本主义社会理论范式。该范式一方面使马克思与古典政治经济学所主张的资本主义生产方式永恒化、普遍化划清界限，另一方面也超越了之前他对资本主义只能进行一般性批判的局限性。在这种研究范式下，马克思对资本主义起源的认识有了新的进展。

在《政治经济学批判》（第一分册）中，马克思对资本主义起源问题的新认识表现在三个方面。首先，明确将资本形成史与资本现代史划分为前后相继的两个不同的历史阶段。马克思认为，资本的生成是指封建土地所有制关系解体向资本主义社会形态过渡的阶段，而非资产阶级经济学家所主张的同一过程。资本主义生产方式的确立、展开及灭亡是一个扬弃与被扬弃的历史阶段，资本所开创的社会形态具有暂时性与有限性特征。马克思通过对三种前资本主义社会形态内部是否存在向资本主义过渡的可能性与现实性条件的考察，最终认为只有以个人与共同体互为前提的日耳曼形式具备向资本主义过渡的可能性，以此指认资本主义的发生并不具有历史普遍性。其次，在对资本原始形成条件的考察中，马克思认为，“资本的原始形成只不过是这样发生的：作为货币财富而存在的价值，由于先前的生产方式解体的历史过程，一方面能买到劳动的客观条件，另一方面也能用货币从已经自由的工人那里换到活劳动本身”。马克思纠正了资产阶级经济学家将财富积累简单等同于资本原始积累的错误做法及认识。最后，在资本来源问题上，马克思指出，“资本家要成为资本，就必须把通过他本人的劳动或通过其他方式（只要不是通过已经存在的过去的雇佣劳动）创造出来的价值投入流通”，“如果说货币或自为存在的价值最初生成为资本时，要以资本家作为非资本家时所实现的一定积累——即使是靠节约他自己的劳动所创造的产品和价值等等——为前提”。这说明马克思部分地接受了资产阶级经学家将资本来源看作潜在资本家辛勤劳动、勤俭累积的主张。也就是说，马克思在否认资本如自然一般存在的合理性的同时，却几乎接受了资本来源的合法性，这与原始积累的暴力掠夺相比较来看显然是冲突的。因此，此时期关于资本来源的认识，马克思显然是存在一定局限性的。

在《资本论》（第一卷）中，马克思对资本积累运动的追溯，从剩余价值向前推进到资本主义生产方式，又进一步推进到商品生产者结合了大量的资本和劳动力。这样一种运动陷入密闭的无限循环，根本无法揭示资本自身的起源问题。古典经济学家斯密将资本的起源假设为存在一个“预先积累”，即它是通过勤劳人的节俭和懒惰人的耗费而导致的财富在前者手中的积聚。在“所谓原始积累”一章中，马克思通过对斯密田园式“预先积累”假设的批判，揭穿了资本的原始积累是一部“暴力史”。他从具体的历史条件出发，以英国为典型案例，采用实证研究方式科学阐释了原始积累的整个历史过程，且将原始积累看作多种因素在一定历史条件下综合作用的结果，在不同国家具有不同的表现形式，并不具有普遍性。在此基础上，马克思揭示了由资本主导的整个资本积累运动具有自身的历史起点和终点，以及这种现代社会的总体性历史过程的有限性与起源性。马克思的阐释主要表现在以下两个方面：

一方面，针对斯密“节俭的精英”的假设，马克思认为，资本家与工人之间经济地位的差异本来是由于资本逻辑运动、前者利用手中的财富对后者剥夺的历史结果，而斯密则将其永恒化为无历史的道德差异的产物，从而为资本涂上了合理正义的底色。马克思认为，原始积累就是创造资本主义生产关系的过程，即“劳动者和他的劳动条件的所有权分离的过程，这个过程一方面使社会的生活资料和生产资料转化为资本，另一方面使直接生产者转化为雇佣工人”。劳动者与劳动工具、生产资料及劳动产品相分离，农民脱离土地所有制关系、解除依附性关系而进入劳动力市场，并非自然形成的温和过程，而是“每个毛孔都包含着血和肮脏的东西”的暴力史。

另一方面，马克思以英国原始积累为对象的实证研究，揭穿了资本主义生产关系的形成是多种因素交叉综合作用下的产物。对资本起源的讨论，本质上是考察资本主义社会经济结构如何从封建社会中诞生的问题，其中后者的解体使前者的生长要素得到解放，但它并非从一开始就是以资本主义生产方式的建立为最终目的。在马克思对原始积累过程各种因素的分析中，国家法律、殖民制度、国债制度、现代税收制度和保护关税等都不同程度地在促使资本形成的过程中扮演了催化剂的重要角色。他充分揭示出尽管经济成分是资本主义社会形成的基础，但经济因素并不是资本主义生产方式得以确立的唯一条件，它是靠广泛动员暴力、国家权力、法律和自由主义意识形态等手段实现的。从这一点来说，马克思强调了资本起源多元、复杂的历史环境。在他看来，人类历史的发展并非严格的时间线性延展，特定社会结构的形成与演进只是多种因素在一定历史条件下的聚合。

所以，当卢森堡、大卫·哈维等仅从资本积累运动出发，以原始积累实际上贯穿资本主义积累始终为由而指责马克思将其严格限于资本诞生阶段时，马克思的核心关切则在于突出资本诞生的具体历史环境的复杂性与多元性。

案例评析：

马克思一生中对资本主义起源的三次考察均不同程度地深化了他对资本主义生产方式的理解。从一般的物质生产逻辑以及人类社会形态的演变为出发点将资本的诞生看作一般意义上生产力与生产关系辩证运动的结果，到确立政治经济学批判范式对资本主导的现代社会内部结构的分析，马克思在此过程中不断与古典政治经济学划清界限，实现了对历史唯物主义自身局限性的超越。

（节选改编自王亚杰和刘怀玉的《马克思的资本主义起源研究及其当代价值》）

思政案例二

思政元素：

马克思在《〈政治经济学批判〉导言》中对唯物史观做过经典阐述：“无论哪一个社会形态，在它所能容纳的全部生产力发挥出来以前，是决不会灭亡的；而新的更高的生产关系，在它的物质存在条件在旧社会的胎胞里成熟以前，是决不会出现的。”

案例内容：

一、问题的提出

英国和明朝资本主义萌芽基本产生于同一历史时期，并且具有很多相似点，但走上了不同的道路。英国从欧洲一个落后的国家，最终后来居上第一个建立了资本主义制度；而明朝作为当时的世界经济中心，资本主义萌芽却始终没有得到充分发展，逐渐由先进国家转为落后国家，直至近代沦为半殖民地半封建社会。二者有很多相似点：第一，所处的时间段大致相同。第二，起点非常相似，战争或瘟疫使生产力都受到了严重破坏。第三，都是在传统的农业国基础上有了资本主义萌芽及发展。第四，资本主义萌芽都是从纺织业开始。二者又存在明显的不同：第一，明朝资本主义萌芽的起点更高。第二，资本主义萌芽在发展过程中的决定因素不同。第三，结果不同。英国资本主义萌芽得到迅猛发展，英国成功实现了从农业国到现代工业国的转型，建立了世界上最早的资产阶级政权，并通过工业革命成为当时的世界霸主。而当时的中国作为传统的农业国处仍然处于封建社会，社会经济发展缓慢。对于英国和明朝的资本主义萌芽在发展中出现的不同结果，我们运用马克思主义唯物史观和政治经济学的基本原理，对两国在资本主义萌芽阶段和发展阶段进行比较和分析。

二、资本主义萌芽在英国和明朝的比较

资本主义萌芽的基本特征包括：第一，商品成为资本主义经济的基本元素，马克思在《资本论》中指出，“资本主义生产方式占统治地位的社会的财富，表现为‘庞大的商品堆积’，单个的商品表现为这种财富的元素形式”。商品经济取代自给自足的自然经济成为资本主义的经济形态，资本主义萌芽表现为利用市场扩大商品生产和交换的范围。第二，工业资本成为“普照的光”。马克思指出，“在一切社会形式中都有一种一定的生产决定其他一切生产的地位和影响，因而它的关系也决定其他一切关系的地位和影响”。资本主义萌芽就表现为工业有一定的发展并逐渐占据主导地位。第三，雇佣劳动制度的形成。资本主义生产方式是资本与雇佣劳动的结合方式，劳动力成为商品，工人只有出卖劳动力并同资本结合才能生产和生存。资本主义萌芽表现为雇佣关系的出现。就明朝和英国的资本主义萌芽的产生和成熟度，具体从以下几个方面做下比较：

1. 生产力发展方面

首先，科技水平及其在生产中的应用是社会生产力发展到一定程度的标志。中国从汉朝到明朝，一直是世界上最主要的技术发明和创新国家。而中世纪欧洲“在科学和技术方面，极大地得益于对外界知识的吸收，而不是欧洲本土的发明。……几乎直到现代初期，欧洲一直是技术上落后的地区，它的主要优势在于它能够采用和提高从更先进社会学习来的东西”。

其次，商品经济发展到一定程度是资本主义萌芽孕育的条件。具体体现在：第一，商品化农业的发展。明朝后期，商品经济繁荣导致农业内部分工和地区分工出现。粮食也成为明朝后期商业贸易中最主要的商品之一。而英国在 16 世纪后几十年也出现了重要变革：一是商品农业成为主流，市场上有更多品种的农产品；二是世界市场扩大带动英国毛纺织业的蓬勃发展和羊毛价格的上涨，养羊业的高额利润导致耕地改为牧场。第二，农村工业化发展。农村工业是现代工业的雏形，农村家庭工业孕育出早期的工业。明朝中期，农家副业经营向家庭工业转化，家庭手工业开始朝着专业化和市场化方向发展，这在江南地区传统的蚕桑丝织经济与新兴的棉纺织经济中非常明显。第三，对外贸易的发展。纺织业不仅是明朝当时的主要工业，而且由于技术先进、成本低廉、产量丰富，因而在近代西方工业化成功以前在国际市场上具有极大的竞争优势。地理大发现之后，明朝的商品生产由面向国内市场转为兼顾国内和国际两个市场：一方面，出口数量优势明显；另一方面，出口优势最终体现为白银的流入。

2. 生产关系变革方面

随着生产力的发展，剩余产品、缴纳给国家的赋税和实物地租被大量投入市场，导致商品交换的数量和范围不断扩大，商品交换的扩大又促进了商品生产的发展。因此，资本主义生产关系的萌芽表现为：一方面，资本积累的扩大和资本家的初步形成；另一方面，雇佣劳动关系开始出现。首先，民营手工业逐渐占据主要地位。明初，官营手工业规模很大，曾控制和垄断着一些重要的市场，但随着民营手工业的不断壮大，到嘉靖、隆庆、万历年间在一些行业渐居主要地位。其次，随着商品生产的集中和规模的扩大，雇佣劳动开始出现。在欧洲同样如此，“中世纪早期，大部分工业品生产位于农村，它雇佣专业的工匠和农村家庭”。工业农村化得到较快发展，一方面是因为农村劳动力成本低，雇佣村民可以大幅度减少工资支出；另一方面是因为农村劳动力充足，农民利用闲暇时间进行手工劳动。

3. 上层建筑方面

资本主义萌芽产生于封建社会内部并得以孕育和发展，离不开上层建筑的推动作用。明朝的商业环境较为宽松。一方面，商人群体迅速扩大。另一方面，官僚、地主过去认为做买卖有失身份，但面对丰厚利润也开始参加商业活动和经营手工工场。这些因素也促使商人地位明显提高。但在英国，经济比较发达的南方大封建主、骑士阶层和新兴资产阶级，通过玫瑰战争建立了都铎王朝。都铎王朝施行鼓励工商业和殖民扩张的重商主义政策，极大地推动了商业的繁荣和商人的壮大，有利于新贵族和资产阶级的社会政治地位的提高。

总的来说，明朝的资本主义萌芽比欧洲更成熟。这种观点被很多学者认同，比如美国历史学家彭慕兰认为，在工业革命之前，欧洲工业并没有领先东亚。

三、资本主义从萌芽到形成的比较

马克思在《资本论》里详细分析了英国资本主义从萌芽、形成到发展的历史过程，我们从中找出一些关键要素及相关的历史事件，通过和明朝相对应的一些事件进行对比分析，进而探寻资本主义萌芽在英国和明朝的发展过程中走向不同道路的原因。这些关键要素包括：

1. 科技的发明与其在生产中的应用

科技是生产力诸要素中最活跃的要素，资本主义发展中每一次新的科技革命都会带来产业革命，生产力出现跨越式增长。随着生产力的发展，资本主义生产关系也会相应调整和发展。工业革命前，不仅经济中心在东方而不在欧洲，科技中心同样如此。中国在近代以前一直是世界上科技最发达的国家；工业革命前，欧洲的科技主要是从东亚，特别是中国引入。马克思曾高度评价了中国伟大的科技发明对欧洲资本主义本身的发展和在资本主义战胜封建主义过程中的巨大作用，“火药、指南针、印刷术——这是预告资产阶级社会到来的三大发明。火药把骑士阶层炸得粉碎，指南针打开了世界市场并建立了殖民地，而印刷术则变成新教的工具，总的来说，变成科学复兴的手段，变成对精神发展创造必要前提的最强大的杠杆”。然而，“到了 16 世纪，情况正好相反。外部的传播与欧洲内部的传播相比就微不足道了。……到了 17 世纪早期，西欧与世界其他地区相比占据了科学与技术方面的优势”。同时，科学和技术的融合加快，科学应用于技术的速度越来越快，技术进步又对科学发展提出新的要求。这些最终为工业革命奠定了基础，英国率先成为当时的世界第一强国。而明朝的科技发明和应用却受到落后封建制度的严重阻碍。

2. 地理大发现与郑和下西洋对资本主义形成的不同作用

马克思和恩格斯在《共产党宣言》中指出：“美洲的发现、绕过非洲的航行，给新兴的资产阶级开辟了新天地。东印度和中国的市场、美洲的殖民化、对殖民地的贸易、交换手段和一般商品的增加，使商业、航海业和工业空前高涨，因而使正在崩溃的封建社会内部的革命因素迅速发展。”地理大发现对于资本主义的形成和新兴资产阶级力量的壮大起着至关重要的作用。

首先，资本主义发展获得了广阔的外部市场。随着生产力的发展，商品经济在广度和深度上获得发展，客观上需要市场的不断扩大。其次，英国通过殖民地掠夺、奴隶贸易以及宗主国和殖民地的不平等贸易，完成了资本的原始积累。殖民地是欧洲的销售市场和原材料提供地，同时英国利用宗主国和殖民地的超经济关系即附属关系，强化工业品和原材料的贸易方式，攫取超额利润。而明朝实行严厉的海禁政策，禁止民间进行海外贸易，无法满足随着经济发展而日益增长的海外贸易需求，同时又阻碍了私人贸易的发展。

3. 圈地运动与土地兼并对资本主义形成的不同作用

资本主义生产方式是资本和劳动力通过雇佣劳动方式的结合。资本主义生产方式建立的前提是，既要有一定的资本积累又要有充足的劳动力。英国的圈地运动对资本主义形成的促进作用表现在：第一，通过暴力手段积累了资本。第二，圈地运动对国内市场的统一和扩大起了关键作用。圈地运动消灭了自给自足的自然经济，农民必须用货币来购买生活必需品，国内市场的统一和扩大刺激了国内需求的扩大，极大地促进了商品经济的发展。第三，全国范围内雇佣关系的确立，为城市工业的发展提供了足够且廉价的农村剩余劳动力，同时也推动英国的产业结构重心从农业向工业转移，实现了农业国向工业国转型。明朝的土地兼并对资本主义形成的作用非常有限：第一，明朝仍是自给自足的自然经济，国内市场并没有统一，商品经济发展缓慢；第二，不同于英国圈地运动形成全国性的雇佣关系，明朝土地兼并造成的雇佣关系只是局部性的。

4. 上层建筑在资本主义形成中的不同作用

马克思的唯物史观认为，经济基础决定上层建筑，上层建筑对经济基础具有反作用。作为上层建筑的国家，一方面对经济基础起到发展和保护作用，另一方面国家作为资源配置的一种手段在经济领域直接发挥作用。英国的都铎王朝代表了新兴资产阶级和大地主的利益，国家在资本主义形成中发挥了极其重要的作用，这主要体现在：首先，推行鼓励工商业的重商主义政策；其次，通过暴力进行资本原始积累；最后，在推动圈地运动的同时，还在城市制定惩治流浪汉的血腥法律和工厂法，迫使失地农民转为雇佣工人。明朝以农立国，代表的是地主阶级的利益，对资本主义萌芽的发展起了巨大阻碍作用。明朝对内施行重农抑商、对外施行海禁政策，导致商品经济发展缓慢。明朝总体上施行海禁，虽然明朝后期也曾顺应形势解除“海禁”，推动了民间海外贸易和工商业的发展，但和英国国家扶持所起的作用是完全不能相比的。明朝中后期，商人地位虽然有所提升，但受儒家文化长期熏陶和官府政策压制，其阶级地位低下没有得到根本改变，使得社会财富很少转化为工业资本的积累。

通过以上对英国和明朝资本主义萌芽到形成过程的对比分析，我们得出以下结论：

第一，科学技术作为第一生产力，在经济增长和人类文明进步中发挥着巨大的作用，也是生产关系变革或革命的决定力量。在资本主义形成的过程中，英国科学技术比明朝科学技术在生产中的应用范围更广、速度更快，科学技术在生产中的应用又促进科学技术的进一步发展，这种良性的相互推动导致英国率先进行工业革命。工业革命推动生产力的跨越式发展，是西欧的崛起和东亚的衰落的主要原因，使得英国和中国迅速拉开距离且越拉越大。

第二，海外市场的扩大和内部市场的建立是资本主义萌芽得以充分发展的必要条件。在国外，地理大发现为英国资本主义的迅速发展提供了广阔的国际市场和廉价原材料，极大地推动了英国资本主义的资本积累和工业发展。在国内，英国圈地运动使商品经济取代了自给自足的自然经济，并实现了英国国内市场的统一。资本主义生产的目的是最大限度地攫取剩余价值，因此，市场需求的增长和生产扩大，推动了资本主义的形成和发展。而明朝总体上对内重农抑商，对外施行海禁。内部市场的狭小和外部需求的减少使明朝工业成长缓慢，阻碍了资本主义萌芽的发展。

第三，资本积累和雇佣劳动关系是资本主义发展的前提条件。殖民地开拓的海外市场急剧扩大，带动了工业迅速发展，继而又带动劳动力的需求增加。英国绝大部分失地农民进入城市成为工厂工人。因此，在资本、劳动力和市场的共同推进下，英国的资本主义得以快速发展。而明朝的土地兼并，只是在江南发达地区建立了局部性的雇佣关系，商品经济并没有取代自给自足的自然经济，工业因为缺少内需市场而发展有限，对资本主义的形成造成了阻碍。

第四，国家作为上层建筑的作用不同。国家在英国资本主义形成中起到了重要作用。英国的重商主义政策对经济基础给予支持和保护，而且国家作为直接配置资源的手段发挥了巨大的作用。英国通过对外疯狂掠夺殖民地和其他国家，以及在国内实行圈地运动掠夺人民的方式进行资本的原始积累。这种资本的原始积累使工业资本家阶级迅速崛起，而农民失去生产资料只能把劳动力当作商品出卖，资本主义的雇佣劳动制度得以确立。而明朝的上层建筑对资本主义形成起到阻碍作用，对内重农抑商，对外强调的是恩泽四方，只要求臣服。

综上所述，资本主义萌芽在英国和明朝几乎同时产生，但结果不同。英国借助地理大发现、殖民地开拓、圈地运动、重商主义等，通过“光荣革命”建立资产阶级政权，为工业革命铺平了道路，实现了资本主义从萌芽、充分发展到壮大的过程。资本主义生产关系极大地解放和发展了生产力，因此“资产阶级在它的不到一百年的阶级统治中所创造的生产力，比过去一切世代创造的全部生产力还要多，还要大”。英国最终成为当时的世界经济霸主。

案例评析：

我们运用马克思主义政治经济学的基本原理，从生产力、生产关系和上层建筑三方面，通过详细比较科技、地理大发现和郑和下西洋、圈地运动和土地兼并、重商主义和重农抑商政策等对资本主义萌芽发展中的不同作用可以发现其中的原因。马克思主义唯物史观作为分析人类社会经济制度变迁的根本方法具有普遍规律。

（节选改编自武志的《社会经济制度变迁的政治经济学分析——以英国和明朝的资本主义萌芽与发展对比为例》）

第六章　资本主义国家的工业革命

思政案例一

思政元素：

马克思指出："人的思维是否具有客观的真理性，这不是一个理论的问题，而是一个实践的问题。人应该在实践中证明自己思维的真理性，即自己思维的现实性和力量，自己思维的此岸性。关于思维——离开实践的思维——的现实性或非现实性的争论，是一个纯粹经院哲学的问题。"

案例内容：

英国工业革命是人类社会由农业时代向工业时代转型过程中具有决定意义的重大事件，至今影响着不少国家的发展进程。第一次工业革命为何发轫于18世纪中后期的英国，这个疑问一直困扰着人类。为揭开这一谜底，学界就此进行了长期的大量研究。笔者尝试运用马克思的社会发展理论对英国工业革命的发生机理做出新的阐释。

工业革命既促成了生产力的空前提高，跑赢了与人口增长的竞争比赛，使人类得以摆脱"内卷化"特质的"马尔萨斯陷阱"，又体现为诚如马克思所说的"人类社会从此步入了一个'世界历史'时代"。在他看来，产生和形成"世界历史"的关键正是发端于英国的大工业。因为大工业促成了世界市场的形成，进而促进了各民族的普遍交往，民族国家的历史遂发展为"世界历史"，自此，"环球同此凉热"。马克思的"世界历史"思想是他整个社会发展理论的一个部分，只有基于它实践人本主义的社会发展理论才能进行整体性理解和把握。根据该理论，马克思把人类社会看作生命有机体，并从人的实践理论、劳动异化理论和历史唯物主义三个维度对它的发生机理和发育发展原理进行把握，从而将其置于一个更大的、更有力的解释框架之内。马克思不仅是英国工业革命的过程亲历者和结果见证者，更是包括工业革命在内的英国问题的理论观察者和研究者。正是在对英国经济社会进行典型解剖的基础上，马克思创作了《资本论》。因此，在试图回答第一次工业革命缘何“非英莫属”时，于“陈词滥调”之外，我们可以聆听一下思想大师马克思的声音。工业革命为什么首先发生在英国？西方居于主流地位的研究方法很难真正解开这个谜团，而必须像马克思那样，首先从本质意义上把握人类社会的发生、发展机理，只有运用马克思的社会发展理论对欧洲市场的发育、发展进行超长期考察，才能对这个问题进行令人信服的说明。

马克思的社会发展理论表明：人的需要与环境对需要的满足所引起的制约作用，形成一种矛盾和张力，激发着人们改造环境的激情，促进人们认识的发展；人们的认识活动获得的知识一旦转化为技术性或制度性社会存在，生产力必然因此发展起来。具体到英国工业革命，这是人类生产力的一次质的飞跃，它使人类社会开始逐步由农业社会向工业社会转型。这与马克思的社会发展理论尤其是人的实践理论即生产力如何发展的问题息息相关。可见，从这样的社会发展理论来把握英国工业革命，必须把它放在欧洲尤其是西欧的整体历史演化中来考察，必须从知识进步和基于现实需要的市场的发育入手，必须从生产力与生产关系的相互作用、欧洲的特殊历史条件以及英国在欧洲国家的产业分工链条上的特殊地位进行考察。

在欧洲的封建制度确立之后，随着秩序的稳定和相对和平局面的持续，人口逐步增长，人与特定的自然和社会环境提供的生存资源逐步形成一种张力，生产力因此出现新的突破。自 10 世纪末开始，马耕逐步推广开来，几头牛牵引的重犁日益得到广泛应用，三圃制得到普遍推广，人们掌握了作物轮种的技术，大片土地得以开垦，生产力得到发展，农业发生了巨大进步。一方面，生产力的这种进步，使得粮食和其他农产品开始有了更多的剩余。这使封建贵族能够得到的剩余产品大幅增加，他们不再满足于多个庄园轮流供奉种类有限的实物剩余产品，而希望以货币地租取代传统的实物缴纳，以便更加自由地支配自己的财富，满足自身多方面的需要。由于欧洲的土地制度是各级贵族分级所有，领主拥有领地独立的行政、司法和征税权，因此土地交易受到很大限制。随着货币地租的增加，动产成为贵族可以自由支配的主要财富，而奢侈消费则成为贵族显示身份与地位的主要方式。另一方面，随着经济的这种发展和人口的进一步增长，作为农奴的劳动力出现剩余，农奴的逃亡在一定意义上得到农奴主的默许，工商业城市因此复兴起来。初期逃亡的农奴并非终日耕作的农夫而大多是手艺人，他们逃亡到一些便于获得原料、能找到固定买主的地方。这些地方逐步发展成西欧第一批工商业城镇。由于农业增产和人们消费水平的提高，特别是贵族的奢侈消费和多元化需求，社会对商品的需求大大增加，城乡的分工成为可能，大多数手工业逐渐脱离了农业成为独立的产业部门，且专业化程度越来越高。与此同时，封建贵族为了获得更多的货币地租，以解放农奴身份为条件，鼓励“剩余”的农奴开垦荒地。一些骑士和教士也通过招徕“逃亡”的农奴开垦荒地，从而获得更为独立的地位。这就是“拓殖运动”和“解放运动”。

随着工商业城市的发展和拓殖运动的开展，欧洲农奴制趋于解体，自给自足的庄园经济所造成的市场条块分割逐渐被打破，从而为更大范围的市场发育和分工发展提供了可能。欧洲市场的初步发育、生产力发展和剩余产品增加是市场发育的基础；贵族的奢侈消费以及其对货币的渴求，则是促进商品交换、市场发育、工商业城市兴起、城乡和整个社会分工发展的力量。这种奢侈消费在促进分工发展的同时，也使不断增加的人口转变为具有消费能力的消费者。当然，这种市场发育起初还是一种量的发展，还不足以引起整个社会的质变，由于更多依赖贵族的奢侈消费，工商业对封建贵族具有依赖性。行会制度的管理模式在很大程度上也是模仿乡村的封建制度。但是，随着这种基于分工和交换的生产关系逐步发展起来，生产力便必然要摆脱传统的政治统治模式，作为异化劳动成为独立的力量，并作为资本的生产力改变着封建时代的生产关系。它促使分工和市场进一步发育，并在某些国家的制度方面、法律方面不断消除生产力发展的障碍，为生产力的质变提供条件。然而，我们不能把英国的工业革命简单地归因于这些条件，因为这些条件本身又是更深层因素不断发展的结果。

14 世纪，欧洲形成了南北两大主要贸易区，即南方地中海地区的德意志南部和意大利诸城市、北方北海和波罗的海地区的佛兰德尔。南方贸易区主要面向贵族的奢侈消费，垄断着贵族消费的高端市场。北方贸易区则主要经营除毛皮外的大宗廉价商品，面向大众消费。南方工商业者还垄断着对东方的贸易，他们将东方的香料、胡椒贩运到欧洲以满足贵族的奢侈消费，并获取巨额利润。因此，在意大利和德意志南部的一些地区，商品经济似乎更具活力，在几个世纪内主宰了欧洲的主要贸易。随着分工和贸易的发展，西欧的人口出现加速增长，著名经济史学家麦迪逊指出：“1000—1500 年，西欧的人口增长比世界上其他任何地方都要快，其中北部国家人口增长又明显快于那些靠近地中海的国家。”人口的增加和越来越多的家庭参与日益扩展的分工，必然引起大众消费的低端市场的发育。这一市场由于商品价格低、利润薄，被那些面向贵族奢侈消费的行会手工业和南方贸易区忽视。这一市场的供给是由波罗的海的贸易和英国的生产来满足的。因此，在欧洲最初的市场格局中，英国处于欧洲产业链条的低端。

到了16世纪，富裕工商业者的崛起打破了欧洲社会的身份固化模式，他们逐渐产生了强烈的示范效应，激励着那些不甘“平庸”的人。这些人到处追求财富，以便提升自身的社会地位，这样作为欧洲典型的西欧经济就一步一步走上了良性循环发展的道路，并形成了一个商品经济体系，从而奠定了资本主义生产方式的基础。之前的“价格革命”也强烈地刺激了西欧国际贸易的发展，加快了资本的原始积累和资本主义生产的发展。正如马克思所说：“为资本主义生产方式奠定基础的变革的序幕，是在15世纪最后30多年和16世纪最初几十年演出的。”

16世纪新航路开辟后，欧洲掀起一场广泛的殖民活动，到18世纪，英国通过战争称霸海上，成为最强大的海上强国，并控制了主要航道和殖民地市场。殖民活动将欧洲的分工关系进一步国际化，也使商品市场进一步全球化。可以说，英国遍布全球的殖民统治是它能够在工业革命中取得领先的重要保证。与此同时，西班牙、葡萄牙从美洲大量输入金银所引起的欧洲的价格革命，使那些依靠长期租约和固定地租维持收入的贵族趋于没落。欧洲的市场结构遂发生巨大变化，贵族的奢侈消费趋于萎缩，而随着分工的扩展和海外殖民活动的深入，大众消费市场迅速成长起来。这样更多地面向大众消费的英国等地的市场经济和商品交换得到持续发展，那些曾经垄断高端消费市场、商品经济活动较活跃的意大利北部、德意志南部等地则趋于没落，欧洲发生了范赞登所说的“小分流”。

由于英国的商品生产和世界性分工与大众消费紧密联系在一起，并且，它不仅通过农业革命推动了英国国内农业生产的转型，还依靠波罗的海的粮食贸易以及殖民地的贸易保证了英国的粮食安全。因此，这时候的英国已经形成一种面向国际市场特别是大众消费市场的出口导向的经济发展模式。此时，在世界范围内，人口的持续增加、国际分工的扩展和大众消费的持续增长引发了大众商品的规模化生产需要，而传统的手工业生产显然已经无法满足这种需要，这就形成了市场不断增加的需要与生产能力不足的矛盾。这种矛盾使英国生产者对扩大生产充满渴望，从而孕育了技术革新的内在需要。工业革命的发生机理表明，英国工业革命的突破口发生在棉纺织业而不是原本更为发达的羊毛纺织业并不是偶然的，因为棉纺织业与大多数人的现实需要和成长中的大众消费市场更为紧密。当然，工业革命首先在英国发生，也可以考虑其他一些因素，例如，教士和贵族力量的削弱、相对安全的地理环境、君主立宪政体、充足廉价的煤炭资源等，但根本原因还是英国以出口为导向的、更多地面向大众消费市场的经济发展模式在起作用。由于这种经济发展模式，国王和贵族都从中获得巨大利益，这样，资本的力量就能够起主导作用，进而有利于资本活动的各项制度的实施。另外还需指出的是，在英国工业化过程中，政府在保障海外市场促进经济发展方面始终发挥着重要作用。

人类社会一旦进入工业社会，就可以说真正进入了马克思、恩格斯所说的“世界历史”时代，他们在《德意志意识形态》一书写到“大工业创造了交通工具和现代化的世界市场”，“它首次开创了世界历史，因为它消灭了以往自然形成的各国的孤立状态”。在这样一个时代，占有财富的欲望会促使资本家把一切潜在的现实的社会需求挖掘出来，而追逐财富的内在动力和竞争压力必然最大限度地促进知识进步；反过来，知识进步又促进着人类需求的升级。随着世界性分工的扩展和深化，商品生产更加多样化，单个商品市场规模不断扩大。资本逐利的本性必然强烈刺激和有力推动新能源、新材料、新技术、新工艺的升级，以适应不断增加的人类需求。这种不断增加的需求和技术升级一旦达到临界点，必然引爆新的工业革命。总之，人类社会一旦进入资本主导的“世界历史”时代，知识进步特别是技术革命就进入了一种自我驱动状态，市场就会通过经济的运行自我开辟前进的道路。

英国工业革命的历史经验表明，一个国家的工业化取决于国内外大众消费的发展。在身份和阶层固化的农业社会，任何一个国家都很难基于内生原因实现由农业社会向工业社会的转型，即便是人口众多的大国，只要停留于农业社会较为单调的生产和消费层面，就难以摆脱自给自足的生产生活方式。英国工业革命作为人类生产方式和生活方式转变的开端，是欧洲市场发育和社会分工逐步发展且通过殖民活动扩展的产物，一开始就跟“世界历史”时代联系在一起。工业革命的历史经验还表明，从市场经济的发育发展过程看，明晰的产权、自由完善的市场机制是市场发育的结果，而不是市场发育的前提。在欧洲，市场机制能够成为商品经济的基础，起初正是由于欧洲主要生产资料——土地难以自由交换，封建贵族不得不把动产当作主要财富来追求，且在剩余产品大量增加的条件下形成奢侈消费的风尚。后来，随着市场经济的发展，欧洲的土地转手才逐步发展起来。西方经济学往往把自由市场和产权当作理论前提和历史起点，这实际上是对更为发达时期的经济发展进行总结得出的认识，从而形成一种“固定不变的”“理想化的”观念，然后“忘掉”自身发展的历史，倒果为因。从“理想化的”观念出发，一些经济学家热衷于从要素价格的差异来说明英国首先实现工业革命的根源。他们认为，英国较高的工资和便宜的煤炭价格促使生产者使用机器，可是他们忘记了，首先进行工业革命的纺纱生产大多是家庭生产，最初的机器也跟能源价格无关，珍妮纺纱机的发明及其在生产中的运用很好地说明了这一点。而被彭慕兰称为“工业革命早期景观的中心”的煤炭，在工业革命的早期的实际作用甚微。事实上，直到19世纪30年代，英国的煤炭产量才显著增加。之前的煤炭还有相当一部分是用于家庭取暖，而棉纺织业前期主要靠风力和水力驱动，对煤炭的需求并不高。真正需要消耗大量煤炭的蒸汽动力直到工业革命即将结束时才得以广泛使用。即使煤炭资源相对不够丰富，价格并不便宜，工业革命在英国的发生仍然不可避免，英国照样可以通过强大的贸易和运输能力从附近的法国或其他地方进口煤炭，就像不生产棉花却可以从北美和印度低价进口棉花并最终做大做强棉纺织业一样。因此，要素价格的因素最多是促进了工业革命的发展，但不是工业革命的原动力。当然，在较为成熟的市场经济中，市场机制的完善、产权的明晰又会反过来推动商品经济的发展，这是一种相互推动的关系。而对这种相互推动的考察必须结合特定的历史发展阶段和特殊的国情，不能把历史发展结果得出的“模型”当作抽象的绝对真理。

案例评析：

随着欧洲市场的发育、深化和世界性扩张，社会分工的细化和大众消费的持续增长引发了大众商品的规模化生产需要，形成了市场需求增加和生产能力不足的矛盾，这种矛盾孕育了技术革新的内在需要，这是工业革命首先发生在英国的重要原因。

（节选改编自朱格锋和罗雄飞的《从马克思的社会发展理论看英国工业革命的发生机理——兼谈改革开放时期中国工业发展的历史经验》）

思政案例二

思政元素：

甲午战争，民之痛、国之殇，以史为鉴知兴替。120 年后的甲午年是全面深化改革的开局之年。习近平总书记在 2014 年的公开场合讲话中，两提“甲午”。2014 年 6 月 9 日，习近平总书记在中国科学院第十七次院士大会、中国工程院第十二次院士大会上，强调坚定不移走科技强国之路。

案例内容：

明治维新是一场在当时的东方世界里罕见的大规模制度变迁，不仅深刻地改变了日本的历史进程，而且对东亚国际格局的现代演化产生了重大影响。

在人类发展史上，有过两次巨大的飞跃：第一次飞跃发生于大约 1 万年前，人类步入农业社会；第二次飞跃则发生于 17 世纪后半叶，人类突进工业社会。第二次飞跃使科学技术成为经济发展和社会进步的最重要的推动力量，并且使资本主义成为占主导地位的经济形态。所有这些变化都是在今天已经成为发达国家的西方世界里发生的大规模制度变迁的后果。明治维新是西方这种大规模制度变迁后果的一种东方反应。日本和西方国家之间在元制度与派生制度的相对关系及其演进的模式上显示出了极大的差异，并带来了完全不同的政治、经济后果。

这里首先对“元制度”“派生制度”等概念进行能够满足本项研究最低需要的简明解释。制度是规范人们行为、形成人们预期的一套规则，而相互之间具有互补性的制度集合就构成了制度结构。青木昌彦在对制度结构的分析中使用了元制度这一概念，其含义是“基本制度的一般形态，即元制度”。根据这一论述，可做如下理解：首先，制度结构是层级的，即构成制度结构的具体制度要素在其中的地位和作用是不同的；其次，在层级的制度结构中，只有那些最基本的制度才是元制度；最后，元制度构成了其他制度的起源。因此，在一个层级的制度结构中，对其他制度起决定性作用的基本制度就是元制度，而起源于元制度并由元制度决定其演化的制度就是派生制度。

在理解了元制度、派生制度的一般含义之后，我们将其与宪法特别是宪政相联系，从而深化这一理解。宪政意义上的元制度分析，源自布坎南开创的宪政经济学。概括地说，他认为，在层级的制度结构顶端就是宪法。宪政是制度中的重中之重，是生成制度的制度，是规则的规则。这就是宪政意义上的元制度、元规则。宪政经济学的研究对象是规则的选择。这种规则的选择可以分为两类：一类是在规则内的选择，一类是在规则间的选择。前者是约束个人和集体行为的规则，后者则是约束政府行为的规则。

一、英国与美国：从"光荣革命"到"帝国宪政的延伸"

工业革命标志着有文字记录以来世界历史上最根本的一次人类生活转型。在一个特定时期，工业革命仅与一个国家即英国的历史重合，因此整个世界经济都以英国为基础，或者围绕着英国运转。由此决定了英国处在足以影响并支配全球的位置，这是任何规模相当国家此前或此后从未达到的地位。工业革命之所以首先发生于英国，有多种原因，其中一个重要的原因就是王权从属于崇尚实利的议会，由此构建了稳定理性的制度框架。英国这种王权受到约束的政治制度，是"光荣革命"的结果。

"光荣革命"是西方历史上最初的、实际上也是人类历史上最初的宪政转型。17世纪英国斯图亚特王朝复辟后的詹姆斯二世统治时期（1685—1688年），国内政治势力中存在着辉格党和托利党两大政党：前者可以从自由贸易中获得更大的利益，因此主张降低关税；后者可以从土地收入中获得更大的利益，因此主张减轻有关地租的课税。詹姆斯二世最初和托利党结盟，通过削弱辉格党的政治影响、提高关税获得了私人利益。詹姆斯二世在打击辉格党获得成功后，转而把攻击的矛头指向托利党。事情发展到这一步，本来利益互不相容的两个政党，联手放逐了国王，迎接奥兰治亲王威廉和他的妻子玛丽，即詹姆斯二世的长女为英国的联合统治者。至此革命并未结束，随后国会通过了一系列法案，目的在于捍卫英国人的权利，保护国会的权利不受王权侵犯。其中，最重要的是颁布了《权利法案》，列举了国王不得有侵犯私人产权行为的各项条款，如不遵守则废除王权之契约，并以此作为新统治者即位的条件。

道格拉斯·诺斯和巴里·温加斯特研究了"光荣革命"前后的政治制度变化对英国工业革命的影响，认为政府对宪政规则的可信承诺是经济发展的关键，它是扼制机会主义行为和减少交易成本的条件。在这种可信的承诺下，理性国家不仅为公民提供各种服务，而且国家本身也由法律进行统治。这意味着作为元制度的宪政制度在英国得以确立，由这种元制度决定的派生制度，比如以议会为核心的一系列政治制度、以私人产权为核心的一系列经济制度，在光荣革命后的制度变迁过程中也纷纷得以确立。这些有效率的制度是经济增长的关键，也是西方兴起的原因所在。我们可以观察到，在“光荣革命”以后的英国现代化过程中，元制度与派生制度是均衡演进的。

下面我们将以美国作为案例分析的对象，看一下起源于英国的宪政制度在其海外殖民地的“扩展政体”中的发展。在早期阶段，英国与北美殖民地之间形成了一种“中心-边缘”关系，这不仅是地理意义上的，也是帝国治理意义上的。从宪政的视角考察，则是英国与北美殖民地之间的一种具有联邦制性质的法律关系，在很大程度上塑造了北美殖民地内部的宪政，可以理解为是一种“帝国宪政的延伸”。这样，北美殖民地的政治理念，承袭自英国的宪政传统，而与截至美国革命和法国革命的受到思想界欢迎的“开明专制”的政府以及启蒙运动的绝对君主观几乎没有关联。美国革命的直接结果是刺激了绝对民主的成长。对于美国提倡革命的领袖而言，开明政府最有效的代理者是绝对民主制，而不是绝对君主制。这种信念一直延续至今天，成为美国政治思想的底色与基调。

美国革命和英国革命、法国革命一道，构成了人类发展史上第二次飞跃过程中的大规模制度变迁的一个有机组成部分，其本质仍然是宪政转型，但进行得更为彻底，作为元制度的宪政发展也更为典型。由元制度决定的派生制度，也以更彻底的方式与元制度均衡演进，并在 19 世纪最后数十年促进了工业的迅速扩张，实现了民主与发展的兼容并蓄，最终使美国经济跻身于世界经济前列。美国资本主义的发展，特别是在英国不断走向衰落、美国代之而起的过程中，以其更为“激进”的自由民主主义政治制度和近乎“原教旨主义”的市场经济制度、更为庞大的工业生产能力和经济规模、更为高效的科学技术体制和国家创新机制，在使资本主义成为全球性占主导地位的经济形态方面厥功至伟。

二、日本：“传统王权庇护下的中央集权国家”的形成

日本的明治维新与上述英国革命、美国革命相比，虽然在大规模制度变迁这一点上保持了同一性，但不具有性质上的同一性，即明治维新不具有宪政转型的属性。明治维新过程中，缺乏像辉格党、托利党这样的民间利益集团，表明当时日本社会尚没有分化出强有力的民间利益集团，可以对统治者施加有效的约束。这一点决定了发生于 1868 年的“王政复古”以及其他的相关事件仅是一场政变，所造成的后果也仅是统治权力从旧统治阶级中的一些人向另一些人的转移，由此形成了一个“传统王权庇护下的中央集权国家”。在明治维新中王权获得加强，而在光荣革命中王权受到约束，这一点表明日本没有通过明治维新建立起来具有宪政属性的元制度。

国家机会主义行为同样存在于明治维新的立宪过程中。明治维新立宪的目的，其一是获得加入西方主导的国际秩序的资格，表明文明开化以争取西方主体的承认；其二是修改日本开国以后被迫签订的不平等条约，取消列强的治外法权。因此，尽管颁布了新宪法，其灵魂却是古代日本的专制思想，由于效法德国还嵌入了德国传统的专制思想。东方后发展国家通常是在制度资源稀缺的条件下开启工业化的。随着工业化的发展，对制度的需求不断增加，但如何解决制度的有效供给，始终是东方后发展国家面临的一个重大挑战。日本在宪政元制度缺位的条件下，通过移植西方先发展国家的先进制度来满足工业化对制度的需求。与西方国家制度变迁过程中的元制度与派生制度的均衡演进不同，日本的制度变迁过程中的元制度与派生制度是非均衡演进的，并且以一种非常特殊的方式表现出来，即宪政元制度缺位条件下的替代制度与移植制度的非均衡演进。在明治维新的过程中，日本没有选择宪政民主制度，而是选择了天皇专制的威权主义制度，同时大力移植源自西方先发展国家的高效率现代经济制度。这样，元制度与派生制度的非均衡演进，在明治维新开始后的日本就转化为政治制度与经济制度的非均衡演进。

日本在制度移植的过程中，抱有明确的选择意识，在元制度选择上规避宪政民主制度或仅在形式上模仿，而对其他技术性、效率性制度则大力移植。日本在明治维新开始后翌年即开始了制度移植。随着时间推移，移植的力度不断加大。日本在整个明治维新的过程中先后移植了西方国家的股份公司制度、银行制度、货币制度、公债制度、保险制度等。日本资本主义可称得上是一种“移植资本主义”。日本从 19 世纪 80 年代开始现代经济增长以来，工业部门不断扩张，第一次世界大战后产业结构的重型化趋势显著。日本工业化过程始终伴随着罕见的高速增长，无论是第一次世界大战（简称“一战”）前后还是二战前后都是如此。日本从 1955 年开始进入高速增长时期，一直到 20 世纪 70 年代中叶实现工业化。在日本由后发展经济向工业化经济转变的长期过程中，其经济增长率在主要资本主义国家里都位于前列。对日本的长期经济增长的经验观察表明，尽管不可避免地会出现周期性波动，但日本的经济增长率，特别是进入 20 世纪以后，不断提高，被认为是一种“加速性趋势”。

没有宪政制度约束的政府，对民间社会而言是一个“强政府”，具有更大的工业化资源动员能力，在启动工业化和促进经济发展方面会起到更大的作用，从而实现比市场价格机制自发条件下更快的工业化速度和更高的经济增长率。一般而言，包括日本在内的后发展国家，在早期工业化阶段的生产要素的基本状态是，劳动力人口过剩、技术和资本短缺。技术可以直接从西方先发展国家引进，避开了需要大量投入的技术研发阶段，直接进入技术应用于生产的阶段，这被称为“后发优势”。因此，如何突破资本瓶颈，就成为启动工业化并在日后加速其进程的关键。日本的做法是以国家资本开路，通过设立“官营模范工厂”，引进西方先发展国家的现代产业，并且主要集中在铁路、通信、矿山等基础设施领域和基础原材料领域。这样，一方面启动了工业化，另外一方面为民间资本的跟进创造了条件。此外，明治维新伊始，日本政府即不遗余力地实施“殖产兴业”这一产业政策。在工业化的初期阶段，通常政府具有比较信息优势，在此基础上实施价格扭曲政策，将会在工业化过程中加快产业结构的优化和经济增长的速度。

案例评析：

在明治维新的过程中，日本选择了天皇专制的威权主义制度，同时大力移植源自西方先发展国家的高效率现代经济制度。日本政府具有更为强大的资源动员能力，有力地促进了日本战前工业化；但由于对外发动侵略战争，最终使日本战前工业化归于失败。

（节选改编自莽景石的《明治维新：元制度与派生制度的非均衡演进及其对日本工业化的影响》）

第七章　资本主义经济制度的确立和发展

思政案例一

思政元素：

马克思、恩格斯在《德意志意识形态》中写道："城乡之间的对立是随着野蛮向文明的过渡……而开始的，它贯穿着全部文明的历史并一直延续到现在……随着城市的出现也就需要有行政机关、警察、赋税等等，一句话，就需要有公共的政治机构，也就是说需要政治。"

案例内容：

英国是第一个实现工业化和城市化的国家。在英国，工业化和与之俱来的城市化如此迅速，大大超出了人们的想象。它所带来的福祉和祸患同样使人们感到措手不及，特别是在一个奉行自由放任和唯利是图的国家，这种迅速到来的工业化和城市化，不可避免地引至一系列灾难。因此，英国经济史学家哈孟德夫妇用"迈达斯灾祸"来形容这段历史，而用我们今天的话来说就是"城市病"。

根据对各国城市化史的研究，城市发展可能受三种因素的限制。第一，城市化可能受农村人口不愿离开家园的限制。这种限制既可能是社会经济方面的，也可能是社会心理方面的。第二，城市化可能受城市建设费用的限制，建设城市需耗费大量资源，而在整个工业化阶段，工业发展也需大量投入，这是一个资源配置问题。第三，即使撇开费用问题，城市发展也要受到缺乏组织城市生活的能力的限制。城市越大，管理就越困难。如果没有逐步积累的经验和系统的组织，管理迅速兴起的大规模城市是有困难的。就英国的情况来说，农村人口主要不是由农民构成，从而在感情上与土地没有很密切的联系，所以，城市化的第一个限制因素，在英国事实上是不存在的。至于第三个因素，在英国城市化过程中，的确不同程度地起到了限制作用。不过，从英国的具体情况看，由于工业化的迅速进行，这些因素的影响，并不表现为限制城市化的速度，而是通过城市设施的不足和组织的混乱表现出来，即表现为“城市病”：一方面，农村人口源源不断地离开农村涌入城市，为工业发展提供了足够的劳动力；另一方面，城市设施不足和组织混乱，给早期的城市人口特别是工人阶级造成极大的苦难。

城市化的费用和组织问题，从根本上说是资源在城市的配置问题。刘易斯指出：“组织一个像样的城市所要求的人的努力是巨大的。必须建设街道、铺路与照明；必须修建供水系统，需要污水处理设施；要组织公共汽车交通；城市必须有食物，从远方运来谷物、土豆或肉类比较容易，而从近郊得到每日供应的牛奶或蔬菜就不容易了。”另外，还要为新进入城市的人口修建大量住宅等。所有这一切都需要资源，需要足够的人力、物力、财力。如果在工业化迅速发展的情况下，大量人口进入城市，而相应的资源没有向城市集中，就必然出现城市设施不足和组织混乱，即“城市病”。

在英国，工业化起源于农村；而农村工业和小城镇的发展，是整个工业化前期的主要特征。随着工业化的发展，乡村变成工业城镇，城镇变成大的工业城市，从而出现城市化的加速。农村工业和农村地区对资源的占用，影响城市化的进程。在人口迅速城市化的同时，资源的城市化出现滞后。

人口城市化，即人口向城市的迁移和集中，一方面是工业发展的需要，另一方面是资本积累和扩张的需要。资本主义工业迅速扩张的能力及其周期性特征，要求有足够的劳动力储备。而在大工业和大工业中心形成以后，还要求这种劳动力集中在城市。这种情况，不仅导致人口向城市集中，还导致了城市的大规模失业。马克思把这种“现代工业的中心——工厂、制造厂、冶金厂、矿山等等”存在的失业现象称为“相对过剩人口的流动形式”。工业革命时期或者说工业化早期城市发展的病态，还表现在住宅奇缺方面。恩格斯在《英国工人阶级状况》中记载：每一个大城市都有一个或几个挤满了工人阶级的贫民窟。这种情况，直到 19 世纪五六十年代都没有得到明显改善。由于工业化的迅速进行，人口日益向城市集中，而住宅状况也就日趋恶化。马克思指出，“一个工业城市或商业城市的资本积累得越快，可供剥削的人身材料的流入也就越快，为工人安排的临时住所也就越坏”，“生产资料越是大量集中，工人也就越要相应地聚集在同一个空间，因此，资本主义的积累越迅速，工人的居住状况就越悲惨”。城市卫生状况的恶化，也是早期城市病的重要方面。英国是第一个实现城市化的国家，不存在组织城市生活的可供借鉴的经验，一切都是自然发展的。而在出现问题的初期，问题很少引起人们的注意，直到问题发展到忍无可忍的程度以后，人们才呼吁加以解决，但往往为时已晚。

当大机器隆隆运转的时候，人们起初只看到它所带来的源源不尽的财富，而看不到为它付出的代价。恩格斯当时就指出：“为这一切付出了多大的代价，这只有在以后才看得清楚。”工业革命时期的城市卫生问题，部分来自工业污染，部分来自生活污染。城市居民大都是刚刚从农村出来的农民，农村的那种散居所养成的习惯还没有改变。如生活垃圾到处倾倒，污水随处泼洒。不少城市居民还保留着养猪的习惯，所以到处是猪圈。由于厕所不够，人们不得不随地大小便。根据记载，曼彻斯特的议会街，每 380 人才有一个厕所，在居民区，每 30 幢住满人的房子才有一个厕所。在工人的家里，鸡、猪、马都挤在同一个房子里。对于城市卫生特别是较大的城市卫生来说，排水是很关键的问题。当时，大部分城市都没有良好的排水系统。污水一般是通过大大小小的“阴沟”通往厕所或死水塘；情况最好的是将污水排入流经城市的河流。例如，经过曼彻斯特的艾尔克河，成了一条大污水沟。甚至在伦敦，大大小小的污水池和污水沟到处可见。居住的拥挤和卫生状况的恶化，导致瘟疫横行。对于工人居住区来说，猩红热、伤寒、霍乱等是最容易发生的，且一旦发生就不可收拾，往往危及成千上万人的生命。工业革命时期英国人口死亡率回升，与此有直接联系。

城市发展过程中的一系列问题，实际上早有人注意到了，并提出过警告。不过，问题没有发展到威胁整个国民健康或威胁到劳动力再生产的情况下，就不会引起政府的足够重视以至采取切实可行的措施。1838 年，伦敦瘟疫猖獗，济贫法委员会秘书查德韦克建议派出医务委员会进行调查。同时，皮尔在艾希利勋爵和女王配偶的敦促下，组建了一个大城镇和人口稠密地区卫生调查委员会。该委员会做了大量调查，并起草了一个报告。这个报告于 1844 年公布，吸引了成千上万的读者，惊醒了有头脑的人们，并且对卫生问题做了系统的研究。皮尔委员会对城市卫生状况做出建议：卫生管理应交由直接隶属于英王的地方当局单独负责；在任何排水方案付诸实施以前，应先有适当规模的计划和测量；地方排水区域的大小应随时由英王加以规定；一切下水系统应由地方当局统一建造；大杂院房屋和茅舍产业的费用由所有者负责，主管排水的当局应负责铺路；一切尘埃、灰烬和垃圾均为当局所有；当局应负责清扫污水池和厕所。皮尔委员会还建议：凡住人的院子，宽不得少于20英尺①，进出口不得少于10英尺；地窖和地下室必须备有壁炉、窗户和适当的排水系统，否则不许住人；凡新建的房屋一律应装有适当的厕所设备；当局有权为加宽道路、清理卫生和筹建公园而征收款项，有权要求充分的空气流通，强制不卫生的房屋打扫，核发宿舍的许可证，指派卫生官员等。

皮尔委员会的报告是划时代的，它促进了1848年第一个公共卫生条例的诞生和第一个中央卫生委员会的建立。从此，“国家就以一套杂乱无章的条例对疾病展开了毫无组织的战争”。例如，19世纪60年代的有关卫生规定散见于地方条例、工厂条例、埋葬条例以及种痘、煤烟、食品掺假等条例之中。不过，无论如何，这些条例说明政府已开始正式介入城市卫生管理，城市卫生事业慢慢地前进着。19世纪五六十年代，伦敦首都委员会承办了下水道，并且开凿了通往沼泽地带和入海口的渠道。其他城市也纷纷仿效。马克思指出：“随着工业的发展、资本的积累、城市的扩展和美化，灾祸越来越严重，以致在1847年到1864年，仅仅由于害怕那些对‘上流人士’也决不留情的传染病，议会就制定了不下十项卫生警察法令，在某些城市，如利物浦、格拉斯哥等地，吓破了胆的资产阶级还通过他们的市政当局来进行干涉。不过，西蒙医生在他的1865年的报告中仍然大声疾呼：‘一般说来，这些灾祸在英国还没有控制住’。”

住宅方面也开始不少有益的尝试，其中著名的是所谓“模范住宅”运动。这个运动是由建筑商乔治·皮鲍迪和悉尼·沃特娄发起的。由于在伦敦中心不可能人人有一幢房屋，因而，他们开始建造一种成排的杂院房屋。这种房屋以较低的租金出租给低收入者。他们的成功引起人们的效仿，在伦敦工人区建造了一排排这种模范房屋。此外，不少市政当局开始有计划地清理贫民窟。例如，利物浦市政当局从1860年起用市有地产建造大量工人住宅，后来又根据地方条例和国家立法，将杂院房屋以有碍公益事业而查封，并征购以进行拆毁。不过，大部分破旧房屋的拆除，是在1882年以后的事。这时，这个城市每幢房屋不到6人，“过分拥挤”的人口比例下降到12%以下。而1891年每间房屋的人数已经下降到5.68人，“过分拥挤”的人口比例下降到10.9%。可见，住房拥挤的情况在慢慢改变着。

市政改革无疑对解决城市住宅、公共卫生以及城市管理问题产生了良好

① 1英尺等于0.3048米。

的效果，但这并没有改变资本主义生产的无政府状态，因而也不能从根本上解决上述问题。不仅如此，由于这些改革，基本上是从资产阶级利益出发的，所以常给赤贫阶级带来新的灾难。比如，过分强调卫生、限制排污导致许多生产和经营活动无法进行，工人又饱尝失业之苦。当1848年公共卫生条例公布时，《经济学家周刊》就评论说："疾苦和灾难，乃是自然的告诫，是无法免除的，在善心的人士还没有领悟他们的目的和结局之前，要迫不及待地以立法把它逐出世界，其结果往往利少而弊多。"又例如，城市改革的内容之一是强行拆除不符合卫生标准的住宅，但市政当局又不能为工人提供足够的低租金住宅，这样就造成穷人无家可归。对于这个问题，马克思早就指出："拆除建筑低劣地区的房屋，建造供银行和百货商店等用的高楼大厦，为交易往来和豪华马车而加宽街道，修建铁轨马车路等等；这种改良明目张胆地把贫民赶到越来越坏、越来越拥挤的角落里去。"

土地所有者、房主、实业家，在他们的财产由于城市改良，如修铁路、修建街道等而被征用时，不仅可以得到充分的赔偿，而且按照上帝的意旨和人间的法律，他们还能得到一大笔钱，作为对他们迫不得已实行禁欲的安慰。而工人及其妻子连同全部家当被抛到大街上。如果他们大量涌到那些市政当局要维持市容的市区，他们还会遭到卫生警察的起诉。不过，随着工业化的进展，社会财富的增加，在人口向城市集中的同时，社会也将越来越多的资源集中到城市，并投入城市建设和组织方面。所以，城市面貌还是在慢慢地改变着。

1892年7月，恩格斯在《英国工人阶级状况》的德文本第二版序言中指出："这本书所描写的那些触目惊心的和见不得人的事实现在或者已被消除，或者至少不再那样刺眼了。下水道已经修筑起来和改善了；穿过许多最坏的贫民窟修建了宽阔的街道；'小爱尔兰'已经消失了，'七日规'也跟着要被清除掉。"这说明，"城市病"已经得到初步治理，但距理想的标准还很远，还需要资源的投入，还需要时间。

案例评析：

从英国早期情况来看，"城市病"的根本原因在于工业化和城市化两个进程的资源配置不协调，而这种不协调的原因又与自由放任主义有联系。在工业化与城市化的过程中，要合理地配置资源，使两个过程协调，充分发挥政府在资源配置中的作用，如加强城市基础设施的建设，用立法手段对私人或企业行为进行规制等，对"城市病"要"防"重于"治"。

（节选改编自高德步的《英国工业革命时期的"城市病"及其初步治理》）

思政案例二

思政元素：

马克思、恩格斯曾经指出，“金融投机活动的猖獗是引起金融危机的一个直接原因，扩大信贷而带来的营业活动的过度扩张是导致生产过剩的一个重要因素”。

案例内容：

经济泡沫是指由于大量投机活动支撑，资产价格远超实体价值，各种风险迅速集聚，极易丧失持续发展的经济状态。随着近代商品经济生产方式的确立，泡沫经济现象相伴而生。荷兰“郁金香泡沫”就是近代史上第一次泡沫经济事件。

郁金香的原产地在地中海沿岸、中亚、西亚一带。种植者在培育过程中发现，一些自然开裂的郁金香球茎经过花叶病毒的感染，可以发育出奇特的郁金香品种，开出异常鲜艳的花朵。16 世纪中叶起，郁金香由土耳其引入西欧各国。由于移植栽培困难、数量稀少，郁金香在西欧尤其是荷兰引发了人们的抢购风潮。1636 年前后，随着荷兰国内外大量投机资本的纷纷涌入和疯狂炒作，市场需求泡沫开始呈几何级数倍放大，迅速演变成一场郁金香投机狂潮。

“郁金香泡沫”出现于 17 世纪的荷兰并非偶然，有其深刻的经济和社会背景。作为当时全球最发达的资本主义国家，荷兰拥有世界上规模最大的远洋贸易船队，掌握着海上霸权，被誉为“海上马车夫”。荷兰首都阿姆斯特丹也成为世界贸易和金融中心，世界上第一个证券交易所即诞生于此地。17 世纪的荷兰社会处处洋溢着商业冒险精神。富裕的商人阶层一方面渴望得到足以代表身份、地位的标志性象征物，另一方面不断发掘可以用来交易获利的潜在投资品。郁金香的引入恰好满足了这些需求。购买持有郁金香的热潮很快蔓延整个商人阶层，郁金香的市场价格被不断抬高，从而吸引社会上更多的人踊跃加入郁金香交易市场。

纵观荷兰郁金香泡沫事件的演变，根据投机泡沫的形成、膨胀和最后破裂，可以分为以下三个阶段：

第一阶段，郁金香市场不断升温，价格节节攀升。起初，富裕的商人阶层购买郁金香，只是为了炫耀自己的财富与高贵。随着市场需求的不断增加，郁金香的供应在短时期内却难以增加，其市场价格开始走高。随着人们对郁金香价格上升预期的确定，郁金香交易活动愈演愈烈，价格不断上扬。1635 年，40 枝郁金香的市场价格高达 10 万荷兰盾，每枝折合 2 500 荷兰盾。当时，荷兰一名普通技术工人的年均收入约有 150 荷兰盾，只够支付每枝郁金香价格的十七分之一。巨大的市场供求落差，催生了郁金香期货市场，投机资本也接踵而至。

第二阶段，郁金香投机风潮涌起，泡沫愈发膨胀。1634 年，郁金香交易开始进入荷兰的证券交易市场。为了吸引更多资金入市，快速扩大交易规模，证券经纪商们不断创新各种市场操作方式，郁金香期货交易价格更是一路凯歌高奏、疯狂上涨。一些珍贵的郁金香品种如“永远的奥古斯都”，1623 年时，每个球茎的现货买卖价格为 1 000 荷兰盾；由于投机资本的炒作，1636 年，每个球茎的期货交易价格上涨至 5 500 荷兰盾；到 1637 年年初，其期货交易价格已经高达 6 700 荷兰盾；在危机爆发的前夕，市场报价甚至一度触及 1 万荷兰盾。这一时期，荷兰社会到处流传着通过投资郁金香而“一夜暴富”的故事，诱导着人们争先恐后地如潮水般涌向郁金香市场。对于当时的情景，英国人查尔斯·麦基在其著述中描绘道：“欧洲的富豪们云集在荷兰北部海岸，把贫穷消灭在荷兰这个天赐宝地。贵族、市民、农夫、机械师、海员、男仆、女仆甚至连打扫烟囱的清洁工和老洗衣妇也都加入郁金香交易。各个阶层的人们纷纷把他们的财产换成现钱，投入交易。房地产被人们以极低的价格出售，或者抵押在协议中。”人们对于财富的近乎癫狂的梦想和追求，使得人性的贪婪和盲从彰显无遗，并通过一些金融创新手段被无限放大。整个郁金香市场的狂热浮躁已经严重脱离了实体经济的基本面。

第三阶段，郁金香投机泡沫破裂，危机开始爆发。正当郁金香投机交易如日中天、如火如荼之际，1637 年 2 月初，极度膨胀的市场泡沫突然破裂了，郁金香价格随之狂跌不止，一场史无前例的金融危机爆发了。投机泡沫破裂的原因有两个。一是受郁金香市场价格快速飙升的刺激，花农们大面积种植郁金香，进口商也不遗余力地从海外大量进口郁金香球茎，导致郁金香现货的市场供应量大大增加，已经变得不那么稀罕了。郁金香市场供求落差的迅速缩小，严重削弱了其价格过度虚高的基础，价值规律再次发挥了作用。二是随着郁金香期货交割日期临近，投机商们意识到，一旦钱货交割完毕，郁金香就失去了作为投机获利之手段的价值，而他们真正需要的是财富的不断增殖。为投机本性所驱使，投机商在期货交割届期之前、市场价格尚处高位之时，便尽可能全部抛出手中持有的合约。

自 1637 年 2 月 4 日起，市场形势急转直下，郁金香的价格不断下降。尽管泡沫崩溃的日期被记录得非常清楚，但谁也说不清投机泡沫到底是怎样崩溃的。泡沫崩溃的理由至今仍然是一个谜。人们清楚地记得，在此之前，交易都在非常顺利地进行着，谁也不知为什么，市场突然就这么崩溃了。也许除了说这是泡沫膨胀到极点后的必然结果之外，就再也找不到更好的理由了。一时间，卖方的大量抛售，使得市场陷入了恐慌状态。这时的郁金香简直成了烫手的山芋，无人再敢接手。球茎的价格也犹如断崖上滚落的巨石，暴跌不止。荷兰政府发出声明，认为郁金香球茎价格无理由下跌，劝告市民停止抛售，并试图以合同价格的 10%来了结所有的合同，但这些努力毫无用处。一个星期后，郁金香的价格平均已经下跌了 90%，那些普通品种的郁金香几乎一文不值，甚至不如一颗洋葱的售价。等到人们省悟过来，一切为时已晚。于是，人们纷纷涌向法院，希望能够借助法律的力量兑现合同，挽回损失。很快，法庭就淹没在郁金香的官司之中。几乎是在一夜之间，不知有多少人成为不名分文的穷光蛋，富有的商人变成了乞丐，一些大贵族也陷入无法挽救的破产境地。受害者当中既有文化程度颇高的知识分子，也有大字不识一个的文盲，因为贪婪是没有任何阶层界限的。

事态出现了失控的局面，政府不得不出面解决，但他们面对这样棘手的问题也束手无策，最终所有的“苦果”只能由投机者自己咽下。1637 年 4 月 27 日，荷兰政府决定终止所有合同，禁止投机式的郁金香交易。这一下，人们彻底绝望了！从前那些因一夜乍富喜极而泣之人，如今又在为突然降临的一贫如洗仰天悲哭了。身心疲乏的荷兰人每天用呆滞的目光盯着手里的郁金香球茎，反省着梦里的一切……人们曾经拥有的财富大幅度缩水，甚至顷刻间蒸发，化为乌有。恐慌氛围笼罩着整个市场，债务违约现象比比皆是，市场的信用基础受到了重创，一度波及英法等国家。这次危机严重冲击了荷兰的商业基础，造成的损失在数年之后才得以恢复。

作为近代史上第一次泡沫经济事件，荷兰“郁金香泡沫”留给我们的启示如下：

（1）坚持金融服务实体经济的基本导向，确保金融创新的有效性、均衡性。郁金香投机泡沫的膨胀和破裂表明，面对巨大的市场供求差距进行一定的金融创新，如构建郁金香期货交易市场，固然有助于弱化市场信息的不对称性，稳定市场价格预期，满足投资者的投资愿望，但是，世间万事贵在有度，过犹不及，金融创新亦应有度，有合理的边界约束。金融创新必须立足于发掘并满足实体经济的真实需求，而不是表面的、虚假的需求。过度超越或不及实体经济基本面的金融创新活动，甚至投机炒作，是无效的、不足取的。

（2）妥善处理金融创新和风险防控之间的关系，走稳健持续发展之路。金融创新是一把双刃剑。在金融创新的实际操作过程中，受种种因素的制约，我们往往难以准确把握好金融创新的度和边界，而无度的金融创新不仅会快速积聚并放大风险，甚至会造成实体经济的严重灾难。这就要求我们必须统筹处理好金融创新和风险防控的关系，坚持“两手抓”，避免不计一切风险成本的盲目创新。

（3）秉持理性投资的经营理念，保证信贷与投资活动的质量和效益。西方主流经济学以经济人假设为基本前提之一，但是，“郁金香泡沫”事件警示我们，风险过度偏好的投机者掀起了这场投机风潮，在“羊群效应”和“货币幻觉”的驱使下，非理性的人们失去独立判断，从开始时追涨抢购，到后来跟风抛售，只是一味地盲从，从而助推了投机泡沫的迅速膨胀和破裂，造成了广大投资者的严重损失。秉持理性投资、价值投资理念，保持风险适度偏好，做出正确的信贷与投资决策，确保资产的质量和效益，应是金融从业者的职责所在。

案例评析：

金融危机并非新生事物，它是人类社会货币信用产生、发展，特别是商品经济、市场经济生产方式发展的自然伴生物。金融危机实质上是产品过剩、创新过度的危机，具体表现为人性的盲从和恐惧、资本的贪婪和投机、政府监管的缺失和不当等。

（节选改编自蒋立场的《非同寻常的大众癫狂：荷兰“郁金香泡沫”》和卞车济的《郁金香泡沫》）

第八章 殖民地、半殖民地和依附经济的形成

思政案例一

思政元素：

马克思曾指出，“非洲变成商业性地猎获黑人的场所：这一切，标志着资本主义生产时代的曙光”。

案例内容：

葡萄牙和西班牙是最先探索海外新航路和进行对外殖民的两个国家，这两个国家的殖民方式与政策存在诸多相似之处。15 世纪，葡萄牙成为一个海上强国，开始海外扩张。出于地理环境因素，葡萄牙首先向西非扩张。葡萄牙向外扩张的原因包括传播基督教等，而首要目标在于获取资源。从今天的几内亚到尼日利亚的西非海岸，从北到南被当时的葡萄牙人分别称作胡椒海岸、象牙海岸、黄金海岸和奴隶海岸，足见葡萄牙人对资源和商品的追求。奴隶贸易是葡萄牙殖民者最先开创的。最初，葡萄牙人在沿海一带以偷袭手段掳掠奴隶。奴隶贸易开始后，去西非海岸的航行成为赚钱的大生意，葡萄牙随之成为奴隶贸易的中心。

1492 年年初，西班牙王室和哥伦布达成了“圣塔菲协定”。由于错误地估算了从欧洲到亚洲的距离，哥伦布意外地发现了美洲大陆。为了尽快获取黄金等财富，最先进入美洲大陆的西班牙殖民者对待美洲原住民印第安人进行奴役或屠杀。1542 年，据西班牙传教士拉斯・卡萨斯记载，“西班牙杀人如麻，致使原来生活在西班牙岛上的 300 多万土人，现在只剩下 200 人。古巴岛，其长度相当于从巴利亚多利德到罗马的距离，目前也几乎渺无一人。

圣胡安岛和牙买加岛是两个极为富饶美丽的大岛，现在业已变成一片废墟。位于西班牙岛和古巴岛北部的卢卡约群岛是由过去叫作‘巨人群岛’和其他大大小小共60个岛屿组成的。过去群岛上曾有50万居民，现在已不见一人”。拉斯·卡萨斯认为，从1493年到1542年的40多年间，由于西班牙人极其残酷的血腥统治，有1 500万无辜的印第安人惨遭杀害。后来，西班牙政府先后在美洲大陆实行分配制和委托监护制。分配制是把印第安人分别编在每一个征服者名下，迫使他们为其耕种土地、采矿和服劳役。在分配制下，征服者获得了主要好处，西班牙王室收获甚微，因此后来以委托监护制代替了分配制。委托监护制规定：委托监护主不拥有土地所有权，所有权属于西班牙国王；委托监护主只对受其监护的印第安人进行“监护”，向他们传播宗教；而印第安人为了“表示感谢”，应对委托监护主承担一定的义务。也就是西班牙殖民者可以向印第安人征收赋税，“由于税务可以以现金、实物或劳役方式交纳，这就使西班牙移民以印第安人天生懒惰为借口，强迫他们像奴隶一样为其服役”。因此，分配制和委托监护制实际上就是对印第安人实行的奴隶制。

尽管荷兰是一个新兴的资本主义国家，但它的殖民政策与西班牙、葡萄牙没有实质区别。1621年，荷属东印度总督扬·科恩利用日本雇佣兵对班达群岛发起突袭。当地居民或被杀或逃亡，人口从1.3万~1.5万人骤降到1 000人左右。随后，奴隶、囚犯和契约工支撑起了新的荷兰香料种植园。1634—1638年，荷兰人攻占了葡萄牙人在巴西的甘蔗种植园，建立“新荷兰”殖民地。他们很快就接受了被赶走的葡萄牙人的观点：“在巴西没有奴隶什么都干不成。”荷兰殖民者同样实行了奴隶制。荷兰的殖民掠夺与西班牙、葡萄牙略有不同。1642年和1644年，荷兰东印度公司巴达维亚的殖民当局及其总督给即将出航的塔斯曼探险队下达的指示中提及：“你们要和睦地友好地对待将遇到并与之会谈的蛮人，你们要默许他们施予或针对我们的小冒犯、偷盗和诸如此类的行为，以免我们的惩罚引起他们怨恨；通过表示友好把他们争取过来，这样你们就可以较容易地从他们那里获得关于他们自己、他们的国家和他们周围环境的情报，从而打听到那里是否有任何我们可得到的有利可图的东西。”荷兰人的武力强制性相对较弱，但更虚伪、更具欺骗性，最终目的还是获得金银和资源。16世纪，英国的殖民活动刚刚起步。起初在西属美洲露面的英国人还试图在和平的、商业的基础上进行贸易。但是，英国的殖民活动很快向暴力劫掠转化。为了打破伊比利亚人的海外殖民霸权，伊丽莎白女王政府开始借助民间商人、海盗、渔民等追求财富的野心，暗中甚至公开地支持他们从事各种非法的殖民掠夺活动。英国的海盗、冒险家在女王的支持下，公然闯入西班牙、葡萄牙的势力范围，劫掠他们的船只和财富。与此同时，英国也加入了奴隶贸易的行列。1560—1570年，约翰·霍金斯不顾西班牙政府禁令，先后三次从事英国、非洲和西印度间的贩奴“三角贸易”。霍金斯的海盗活动得到伊丽莎白女王的支持，已经超出纯粹的私人冒险范围，具有官方认可的性质。

1631 年，英国在西非黄金海岸建立了第一个贩奴堡垒，标志着英政府贩奴活动的正式开始。尽管英国从事奴隶贸易的时间较晚，但是到 1670 年，英国已经成为欧洲最主要的从事奴隶贸易的国家，其每年运到美洲各地的奴隶比原先从事奴隶贸易的葡萄牙和荷兰还要多。1698 年，英国议会正式批准贩卖黑奴的《奴隶贸易法》。1713 年，英国和法国在荷兰的乌德勒支签订了条约，英国获得在 30 年内，每年向西属美洲输送 4 800 名黑奴的特权。由此，英国夺得了奴隶贸易的垄断权。18 世纪的第一个 10 年里，主要的奴隶贸易国每年用船运往美洲的 3. 1 万名奴隶中，有 1. 2 万名都是英国运送而来。在后来的 80 年里，英国继续平均每年供应超过 2. 3 万名奴隶。奴隶贸易为英国带来了巨额财富。据估计，布里斯托在 1730 年前后，开出一艘装载约 270 名奴隶的货船，如果航行顺利，一次可获利 7 000 到 8 000 英镑，这还不包括返航后贩卖象牙所获的利润。

18 世纪末，英国对奴隶贸易的态度逐渐发生变化。1806 年，英国首次颁布禁止奴隶贸易的法令。该法令规定：从 1807 年 5 月 1 日起，绝对禁止非洲奴隶贸易，绝对禁止以其他任何方式买卖、交换与运输奴隶和那些准备在非洲海岸和非洲任何地区出售、运输或作为奴隶使用的人，绝对禁止把上述人输入和输出非洲，上述活动均宣布为非法。1833 年，英国议会通过了《废奴法案》，该法案规定：年龄在 6 岁以下的儿童将从 1834 年 8 月 1 日之后获得自由；成年奴隶和大一点的儿童将成为学徒，年满 6 年之后也将获得自由。但禁止奴隶贸易并不代表废除了奴隶制度，奴隶制度继续在拉丁美洲以及美国的南部广泛存在着。

英国为什么主动废除奴隶贸易？英国禁止奴隶贸易并不完全是良知使然，而是基于多方面的考虑。从 18 世纪 50 年代开始，大西洋两岸的贵格会教徒便开始谴责奴隶贸易，劝说人们放弃蓄奴。但是，在 18 世纪的大部分时间里，英国人并不觉得自己在国内的自由，与贩卖黑人做奴隶之间有何矛盾之处。

美国独立战争后，英国失去了北美 13 个州，开始反思如何站在道德的制高点标榜自己是一个自由民主的国家。如果独立的美国仍然使用奴隶劳工，英国不仅保护了国内为数不多的黑人，而且把矛头对准奴隶贸易，这样不仅使大英帝国的自豪感得以重新树立，而且反驳了美国标榜自己更自由的说法。英国取消奴隶贸易的另外一个重要原因是经济因素。18 世纪中叶，英国进入自由市场经济阶段，殖民理念相应发生变化。随着工业革命的发生，凭借强大的工业生产能力，英国在海外争夺战中，逐渐占据优势。贸易保护已经不符合产业资本的利益，在世界范围内开展自由贸易的呼声日益上升。

工业革命之后，奴隶贸易的利润开始下降，而且，英国经济开始面向世界。工业资本主义需要更加自由的市场，要求取消对殖民地的贸易保护，取消殖民地的优惠关税。奴隶贸易和殖民地经济对英国工业革命的资本积累发挥了巨大作用，而成熟的英国工业资本对 1807 年废除奴隶贸易和 1833 年废除奴隶制起到了重要作用。“18 世纪的商业资本主义，通过奴隶制和垄断的方式，增殖了欧洲的财富。但是，商业资本主义在增殖财富的过程中，却促进了 19 世纪工业资本主义的形成。而后者的形成反过来却摧毁了商业资本主义的力量，摧毁了从属于它的一切行业，摧毁了奴隶制度。”

综上所述，不论是西班牙人、葡萄牙人，还是荷兰人、英国人，他们均无视殖民地人民的意志和利益，实行屠杀或奴役的政策。尽管后来英国主动废除了奴隶贸易，但奴隶制并没有彻底从殖民地消失。

资本原始积累充满暴力和血腥的掠夺方式，不仅给世界落后地区的人民带来深重的灾难，也为现代社会留下很多阴影。

案例评析：

正如马克思所指出的，“资本来到世间，从头到脚，每个毛孔都滴着血和肮脏的东西”。无论是葡萄牙、西班牙，还是荷兰、英国，都以野蛮的方式屠杀和奴役殖民地人民。殖民者通过贩卖非洲黑人在美洲建立起新型的奴隶制度。美洲奴隶制以黑人奴隶为主体，以法律为保障。种族主义是新型奴隶制的依据，在欧洲社会有比较广泛的基础。

（节选改编自倪正春和许诺的《自由的悖论：早期殖民国家的双重标准》）

思政案例二

思政元素：

2015年4月22日，习近平总书记在出席亚非领导人会议时发表题为《弘扬万隆精神 推进合作共赢》的重要讲话，强调："广大发展中国家都面临着加快发展、改善民生的共同使命，应该抱团取暖、扶携前行，积极开展各领域合作，实现我们各自的发展蓝图。搞好亚非合作，对南南合作具有重要示范带动作用。亚非国家要深化合作，同时要加强同拉美、南太及其他地区发展中国家的团结合作，扩大在治国理政方面的对话交流，密切在重大国际和地区问题上的沟通和协调，壮大维护世界和平、促进共同发展的力量。"

案例内容：

20世纪60年代末，西方现代化发展理论在发展中国家的实践中暴露出了种种弊端和局限性。经济学家开始反思，寻找新的理论突破。拉美等发展中国家的经济学家用马克思主义经济学的基本观点和分析方法批判西方现代化发展理论，探讨发展中国家的经济发展问题。他们从分析发展中国家的历史和现状的关系入手，寻求导致发展中国家欠发达的原因和过程，以及如何摆脱帝国主义控制，走自力更生发展民族经济的独特道路。在这基础上逐渐形成了一种发展理论——依附论。从依附论的产生和发展来看，它是一批分散于各地、基本观点相似的学术代表对欠发达国家依附问题进行诠释并探讨对策的多种理论的总称。

其基本观点和基本概念的相似性表现在：都对西方现代化理论持批评态度，都使用"中心""外围"和"依附"这几个基本概念来描绘发达与欠发达国家的关系，反对西方现代化理论仅从社会内部分析欠发达国家的落后，主张应从发达国家对欠发达国家的剥削和控制和后者对前者的依附中去诠释后者欠发达的原因；认为发达和欠发达是经济剩余转移过程的两个不同结果，"中心"的发达导致了"外围"的欠发达；批判西方现代化理论推崇的发展模式，指出西方化过程正是欠发达国家被纳入不平等的世界政治经济体系的过程，西方化和依附化相辅相成。由于依附论是一个理论集群，学派较为松散，因而在分析方法、强调程度和政策意蕴等方面存在明显差异，彼此分歧很大。根据不同的标准，依附论可分为多种流派。当前，多数学者将依附论分为正统依附论、改良依附论、激进依附论等流派。德裔的安德烈·冈德·弗兰克和埃及的萨米尔·阿明是激进依附论的主要代表。非洲本土学者萨米尔·阿明的理论主张对非洲经济发展产生了重要影响。

萨米尔·阿明的依附论主要有以下观点：

1. 中心国家通过不平等交换使外围国家处于依附地位

《世界规模的积累》是阿明依附论的奠基之作。在此书中，阿明对依附论进行了精心构建和系统阐述。他通过对李嘉图以来的各种经济理论的扬弃，并把“外围”的剩余价值外流与马克思主义关于资本原始积累的理论相结合，为其依附论的创立奠定了理论基础。阿明认为，当代资本主义世界是由“中心”和“外围”两种“社会经济形态”构成的体系。在这个世界体系中，发达国家是“中心”，发展中国家是“外围”。当代资本主义再生产主要由“出口部门”“群众消费部门”“奢侈消费部门”和“设备部门”构成。“中心”进行的资本主义再生产主要由“群众消费部门”和“设备部门”构成，进行的是“自主中心积累”；而“外围”进行的主要是由“出口部门”和“奢侈消费部门”构成、具有明显“外向积累”的资本主义再生产。因此，“外围”必然依附于“中心”。原因在于：

第一，“外围”国家的资本主义发展模式是从外部引进的，是“中心”国家通过殖民统治强加给它们的。这导致“外围”国家的前资本主义生产方式畸形发展，不可能朝真正成熟的、独立的民族国家的方向发展，只能形成受外国垄断资本支配的“封建领土”和“买办资产阶级”，以及为外国垄断资本直接或间接服务的行政机构。它决定了“外围”国家的资本主义发展模式“受统治着它们的‘中心’资本主义发展模式的积累规模支配”。

第二，世界范围的积累是当代资本主义体系形成的原因，而不平等交换是“外围”依附于“中心”的基础。“中心”国家为追求高额利润和阻止利润率的下降向“外围”输出资本。“外围”国家吸收资本后，囿于国内狭小的市场规模，只好发展原料生产，迎合国际市场需求。在国际市场上，由于生产率的低下，与高生产率的“中心”国家相比，“外围”国家总是处于不平等的交换地位。结果，世界范围的积累虽然缓和了“中心”国家由于国内利润率下降而引起的生产与消费的矛盾，加快了资本的繁衍，但同时也诱发了财富上的两极分化，并且财富日益向“中心”国家集聚，“外围”国家愈发贫穷。

第三，国内市场侧重于满足奢侈消费品需求，是“外围”难于摆脱依附“中心”的重要内部原因。阿明认为，一旦出口部门扩张到一定的规模，国内市场开始形成。但与“中心”国家相比，“外围”国家的国内市场相对地不偏好“群众”消费品而侧重于“奢侈”品。这就决定了“外围”国家的资本主义再生产缺乏自身动力，只能依附于“中心”国家资本主义再生产的发展。总之，世界规模的积累的分析表明，这种积累总是对“中心”国家有利：不是“中心”国家向“外围”国家提供资本，而是相反。这就说明了后者的“滞阻”，说明了“欠发达的发展”。由此可见，“外围”国家只有走出世界市场，才有可能发展。

2. 提出脱钩发展战略，倡导社会主义

阿明在《自力更生与国际经济新秩序》一文中指出，“外围”国家的发展要经历殖民主义、替代进口的工业化、“外围”真正自力更生这样几个历史发展阶段。阿明指出，第一个阶段是以资产阶级领导的民族解放运动的胜利而告终。第二个阶段的替代进口的工业化，往往是从耐用消费品开始，而群众消费品的生产有意地被延迟。这种工业化结构不仅使群众日益贫困，而且使少数特权阶层的财富急剧增加。它必然导致“外围”国家的再生产永远缺乏自身动力。与此同时，“外围”国家要发展耐用消费品，就需要“中心”对其进行密集型的资本投资和技术支持，从而加剧了对“中心”的依附，不可能形成自力更生的经济基础。在第二个阶段，“外围”国家的资产阶级因采取替代进口的工业化而改变了其与垄断资本之间关系的性质，从而失去了其在第一阶段，即在争取民族解放运动中表现出来的民族性特征，成为帝国主义的附庸，走向买办化。因此，第二个阶段仍是第一个阶段的延续。为此，阿明主张，“外围”国家的出路在于断绝与“中心”国家的经济联系，这样“外围”国家才能改变和摆脱对“中心”国家的依附困境，走向真正的自力更生。

阿明在《不平等的发展：论外围资本主义的社会形态》一书中指出，“外围”国家摆脱“中心”国家政治统治的每一个行动都导致冲突，而令人考虑到社会主义前景的必要性。在全世界范围内设想的过渡必须以“外围”国家的解放作为前端，真正的发展（而不是“不发达的发展”）应该是民族的、民主的和社会主义的。为此，阿明指出了“外围”国家摆脱依附，走向社会主义的脱钩战略。

具体路径涉及以下内容：选择以本国资源为基础的自力更生的发展战略；优先考虑第三世界国家间的经济合作与一体化，增强集体自力更生能力；努力提高原材料价格，控制自然资源，确保第三世界国家的制成品能够进入发达国家的市场，并加快技术转让等，并在此基础上建立一种新的国际经济秩序。阿明由此得出结论，当今时代资本主义的主要矛盾已不再是“中心”国家的资产阶级和无产阶级之间的矛盾，而是“中心”国家的垄断资本联合“外围”国家的官僚买办阶级，压迫和剥削“外围”国家的广大劳动群众，即无产阶级、农民和小资产阶级，从而形成在世界范围内的剥削者和被剥削者之间的矛盾和冲突。这决定了“外围”国家的民族解放运动必然发生。其目标不仅是政治上的独立，而且是经济上的解放。其主要敌人不仅是国际资产阶级，而且还包括本国的大资产阶级。其归宿在正常情况下是转变为社会主义革命。

阿明还断言：社会主义革命是从资本主义的“外围”开始的；“外围”的社会主义革命已被提到历史日程上来。在此背景下，阿明指出，“外围”国家的经济发展必须遵循以下五项原则：第一，必须在农民自愿的基础上，进行第二次彻底的土地改革，使农业生产朝着对农民有利的方向发展；第二，实现旨在推动农业发展的工业化；第三，要使收入相对平均，以满足人民的基本需求和扩大再生产；第四，将现代技术与传统技术结合起来，以减少开支；第五，尽最大可能在政治经济上对外部世界保持独立自主地位，既不排外也不媚外。

3. 关于非洲的不发达问题的论述

阿明是非洲土生土长的经济学家。他根据依附论对非洲国家的政治经济发展进行深入分析后指出，非洲经济灾难的根源是资本主义的全球扩张。非洲国家大多属于“外围”国家。它们从15世纪起就被迫卷入资本主义体系范围。非洲国家自独立以来一直延续着殖民主义统治时期的老路，依靠外国的资金和技术，生产国际市场所需的农矿初级产品。这种单一的、外向型的发展道路不可能使非洲国家摆脱对外界的依附，实现真正的经济独立。尚处于依附地位的非洲国家不会出现一种成熟、自主的资本主义前景；即使某些国家建立了某种“国家资本主义”，也不过是一种改变了形式的“殖民依附”关系；即使这些国家的经济有所增长，实现了“工业化”，也只是“有增长无发展”的典型，非洲产油国即明证。因为这种发展进一步加深了社会的不平等和对外国垄断资本的依附，离经济的独立自主发展越来越远。实际上，这种工业化把从中牟取利润的本地资产阶级和提供先进技术及资金的外国人结合起来，而这些外国资本家给本地资产阶级提供了西方的消费模式和西方文化“代用品”的翻版。

因此，非洲“外围”国家战后的“工业化”带来的不是发展，而是依附，这使非洲国家的经济困难越来越严重。

案例评析：

阿明的依附论对长期遭受帝国主义、殖民主义压迫和剥削，渴望得到真正独立的非洲国家和人民很有吸引力，因而在不少非洲国家的经济发展战略和政策中产生了重要影响。阿明对非洲经济发展开出的加强国家干预、实现工业化的发展模式等药方，与“非资本主义道路”思想在很多方面异曲同工，产生的影响有许多相似之处。

（节选改编自姚桂梅的《非洲经济发展的理论与反思阿明的依附论》）

第九章 自由贸易与世界经济的形成

思政案例一

思政元素：

1848年1月9日，马克思在布鲁塞尔民主协会的公众大会上发表演讲强调："保护关税制度不过是为了在某个国家建立大工业的手段，也就是使这个国家依赖于世界市场，但自从对世界市场有了依赖性以来，对自由贸易也就有了或多或少的依赖性。此外，保护关税制度也促进了国内自由竞争的发展。因此，我们看到，在资产阶级开始以一个阶级自居的那些国家里（例如在德国），资产阶级便竭力争取保护关税。保护关税成了它反对封建主义和专制政权的武器，是它聚集自己的力量和实现国内自由贸易的手段。但总的说来，保护关税制度在现今是保守的，而自由贸易制度却起着破坏的作用。自由贸易引起过去民族的瓦解，使无产阶级和资产阶级间的对立达到了顶点。"

案例内容：

一、保护关税制度是资本主义史上实现新旧生产方式更替的一种人为手段

保护关税制度尽管后来日益成为资本主义生产力发展的绊脚石，但历史上也的确发挥过铺路石的作用。当今主要资本主义国家在建立民族工业初期都曾是它的拥趸者。保护关税派倾向于"少买多卖"的黄金原则："在价值上，每年卖给外国人的货物，必须比我们消费他们的要多。"这种重商主义思想对17、18世纪的英国和欧洲其他国家均产生过重大影响。在恩格斯看来，保护关税制度之所以受到青睐，就是因为其帮助“翅膀未硬”的资本家战胜了封建土地贵族，促使资本主义生产方式最终得以完全确立。

1. 保护关税制度曾是资本主义国家建立民族工业的重要手段

保护关税制度曾发挥过“培育幼苗”的作用，是资本主义国家建立现代民族工业的孵化器。18 世纪 60 年代，英国以蒸汽为动力系统的工业体系的建立，在一定程度上正是凭借畸形关税制度、限制外来竞争实现的。“现代工业体系即依靠用蒸汽发动的机器的生产，就是在保护关税制度的卵翼之下于 18 世纪最后 30 多年中在英国孵化和发育起来的。”英国自私狭隘的保护关税制度，再加上与法国、荷兰几次关键的帝国战争，为其垄断新工业方法、占据价值链顶端、建立竞争壁垒提供了他国难以媲美的“护城河”。当时英国采取了“双重标准”：一方面，在国内市场上实行旨在限制外来竞争的保护关税制度；另一方面，又在国际市场上尤其是殖民地实行所谓的自由贸易，以期寻找延伸的潜在市场。恩格斯认为，正是保护关税制度与自由贸易政策的完美结合，在 1815 年英国、荷兰、比利时等国打败法国时，使“英国获得了一切重要工业部门的世界贸易的实际垄断权”。在资本主义国家建立民族工业竞争壁垒之前，“保护关税制度不过是在某个国家建立大工业的手段”。这是恩格斯对保护关税制度历史作用的鲜明判断。

2. 保护关税制度曾促进资本主义生产力大发展

保护关税制度的本质是，企图通过政治力量来干预外国与本国间正常的经贸往来，旨在庇护国内市场、培植对外贸易的比较优势。它缘起于 15 世纪至 17 世纪中期，盛行于西欧的重商主义政策。从 17 世纪初至 19 世纪中期，保护关税制度成为促使资本主义国家生产资料快速资本化、现代生产方式取代落后生产方式的一种人为手段。原因在于，这种制度能为代表资产阶级利益的民族工业大发展提供有效的竞争壁垒，赢得产业发展的缓冲时间。否则，具有比较优势的外国工业品很容易大规模涌入国内市场，导致民族工业难以独立发展，即存在被外来者扼杀在“襁褓之中”的国家经济安全风险。

3. 保护关税制度曾助力资产阶级战胜封建主义并过渡到新生产方式

“关税是为了培养欣欣向荣的国内市场”，具有防御性质的保护关税制度，只是当时资本主义国家为了限制外部竞争、快速建立本国工业体系的安全屏障。在恩格斯看来，保护关税制度属于资产阶级与大土地占有者暂时妥协的产物，属于资产阶级先积累实力尔后向世界输出优势工业品的权宜之计。事实上，保护关税制度限制了国际竞争，但也为国际竞争预留了巨大空间，毕竟依靠关税保护发展起来的国内工业终究要走向空间更大、消费能力更强的世界市场。这是资本逻辑逐利最大化的必然结果。同时，保护关税制度也能通过刺激国内自由竞争进而实现一国范围内的自由贸易来完成摧毁封建主义的历史任务。保护关税制度在帮助资产阶级最终过渡到现代生产方式方面，的确起到了关键作用。

二、保护关税制度影响资本主义垄断利润

在世界更大范围内实现保护关税派认为“向国内输入或向国外输出的财富的多少，是取决于对外贸易在价值上的顺差或逆差的”。尽管欧洲有重商主义传统，主张通过御外政策来保护国内产业，但恩格斯站在人类文明演进的高度，认为保护关税制度最终只能保护落后，越害怕竞争，就越不能竞争。从长远来看，它影响资本主义垄断利润在世界更大范围内实现。

1. 保护关税制度阻碍资本主义工业生产的国际化

在亚当·斯密看来，“一个事业若对社会有益，就应当任其自由，广其竞争”。但追求垄断利润的资产阶级，未必真心支持自己所标榜的自由竞争和自由贸易。狭隘的保护关税制度恰恰暴露出他们的短视性。尽管保护关税制度在短期内有助于工业资本家和土地贵族在一个相对封闭的市场环境内获得巨额利益，但从历史长周期来看，这种貌似安全的政策屏障，并不利于资本主义生产体系的真正扩大。英国的发展轨迹就是例证。

2. 保护关税制度影响资本主义商品交换的国际化

恩格斯指出：“民族工业的某一个部门一旦彻底占领了国内市场，出口便成了它的必然要求。”在1815年成为世界工业品重要供应国之前，英国长期秉持较为保守的关税保护政策，但这种狭隘的贸易战略后来则成为阻碍其工业进步的包袱。因为保护主义的藩篱已把廉价原料挡在了国外，而本国丰裕的工业品也因别国反制和报复同样难以迈出国门。这时，如何促成工业品跨出国门、尽快实现国际交换，就成了关乎资本家生存死亡的首要问题。为了改变过分局限于国内市场的窘境，“正是以前支持保护主义的资产阶级现在给予了英国的自由贸易以坚定的支持”。保护关税制度尽管促成了新旧生产方式的交替，但从长远来看，也人为地阻断了生产要素的国际化流动，严重制约着资本主义生产交换体系的国际化拓展。

3. 保护关税制度阻滞资本主义世界市场的形成

事实上资本“很单纯”，它活动的目的就是“发财致富”，即在不断增殖自身中实现资本者的利润最大化。“财富本身就是一种诱惑”，然而，英国保护关税制度在后来严重阻碍了资本家发财梦的实现。在恩格斯看来，缘由就在于这种旨在庇护国内工业发展的制度屏障，不但固化了国内市场而且回避了世界市场。任何一国市场周围都存在一个地理界限。国内市场不管多广阔、吸纳能力有多强，与内外畅通的国际市场相比总是狭窄有限的。自由流通的世界市场才是一个没有疆域限制、真正充分竞争的市场形态，所以其国内市场的利润无论如何，最终都难以媲美范围更广的世界市场。而保护关税制度庇护的毕竟是“小圈子里的买卖”，在资本主义发展到某个成熟的阶段后，必定阻碍资本家在更大范围内获取利润。于是，从国内贸易转向世界贸易、从国家市场转向世界市场，成为当时很多国家工业部门不得不面临的抉择，甚至是关系国家竞争力的战略问题。

从长远来看，保护关税制度会影响和阻碍资本主义世界市场的形成，并不利于人类文明的交融交锋和协同共进。

三、保护关税制度在资本逻辑机制下终将被资本主义自由贸易取代

恩格斯指出：“保护关税制度再好也不过是一种无穷螺旋，你永远不会知道什么时候能把它转到头。”这种制度具有典型的路径依赖特征，在一个相对闭环的市场里只要尝到没有外部竞争的甜头，就难以走出庇护下的“舒适区”。恩格斯认识到保护关税制度似乎的确“保护”了一国某个工业部门，但在深层意义上妨碍了其他工业部门的发展，因为别的国家也会采取类似的政策报复。工业资本家就会逐步认识到，保护关税制度只是“杀敌一千自损八百”的权宜之计，生产要素通畅的自由贸易才是恒久的利己之策。

1. 保护关税制度与资本逐利最大化的基本逻辑相悖

保护关税制度“立起来容易摆脱难”，工业资本家和土地贵族一旦尝试它，就容易被短期的利润迷惑。但从长远来看，该制度明显悖逆资本跨境逐利的逻辑。在恩格斯看来，南北战争后的美国之所以先采取保护关税制度而后转向自由贸易，是因为保护关税制度并不利于资本家在更大范围内实现垄断利润。为了建立能够对抗英国的民族工业体系，从未经历封建制度的美国实行了一段保护关税制度，但在大约 30 年后“保护关税制度对美国应该已经起到了自己的作用，而现在该要变成一种障碍了”。恩格斯在 1886 年做过预测，倘若美国此时转向自由贸易，不久它将会把英国从世界之巅的位置挤出、取而代之。历史证明，恩格斯的大胆预测完全是对的。后来，美国仅用了 8 年时间，于 1894 年就实现了对英国工业总产值的完美超越。此举可谓创造了历史奇迹，世界经济中心也自此开始向大西洋彼岸逐步转移。

2. 保护关税制度与自由贸易政策会权宜性交替出现

恩格斯认为，保护关税制度与自由贸易政策总会交替出现，因为它们作为资本主义国家趋利避害、调节对外经济关系的国家工具，从来都不可能只存其一。在废除《谷物法》实行自由贸易后，英国纺织业仍实行关税壁垒制度，因为它在19世纪中期是唯一不具备竞争力的行业。自由贸易派为了在国际贸易中不失道义，蓄意以一种隐秘的方式继续在纺织业“明修栈道，暗度陈仓”。这就是“伪善的自由贸易派在外国竞争者面前放弃了垄断地位，但是他们又用损害英国儿童健康和生命的办法恢复了它”。他们使用成本更为低廉的童工来维系纺织行业的对外竞争力。德国也总是在保护关税和自由贸易之间进行切换。在资本的利润逻辑下，保护关税制度和自由贸易政策之间并没有一条不可逾越的鸿沟，资本家一般会在利益最大化原则下做出取舍，尽管自由贸易注定是历史发展的总体趋势。

3. 保护关税制度最终会被资本主义自由贸易取代

恩格斯曾讲过：“已经有足够的征兆说明，保护关税制度已经为合众国尽到了力，这一制度取消得愈早，对一切人就愈好。”因为在实行保护关税制度的工业部门中，出现了高级垄断组织，美孚石油公司和精糖厂大联盟已导致民众生活成本提高且选择受限。结果是民怨沸腾、反对声音很大。特别是精糖厂的老板们，竟拿着国家赋予他们防御外国竞争的特有垄断权，挟持和压榨本国消费者。“在受保护的工业部门中成立类似的托拉斯，是一种最可靠的标志，表明保护关税制度已经完成了自己的任务，它的性质正在发生变化。”德国情况也大致如此，受到关税制度恩惠的贪婪工厂主们，已把本来对付他国竞争的关税手段滥用到国内。在英国自由贸易论者“曼彻斯特学派”的故乡，多个商会也于1886年11月动议是否重新实行带有重商主义色彩的保护关税制度，最后以“22票对21票”险些通过，成为当时震惊国际经贸界的“黑天鹅”事件。19世纪末，就连那些曾极力主张唯有自由贸易才能拯救世界的自由贸易派，现在竟然要求恢复以最惠国待遇和报复性关税等手段包装起来的关税制度。这也恰恰说明该制度只是自由贸易黎明前的垂死挣扎。

自由贸易迟早将到来，但过程不会那么轻松，毕竟其他国家再难有英国当初转向自由贸易的宝贵机遇。不管事情如何变化，谁都无法阻挡历史潮流滚滚向前的磅礴伟力，毕竟“自由贸易是现代资本主义生产的正常条件”。恩格斯认为，除英国之外的其他国家迟早也会转向自由贸易。无论如何，保护关税制度只“不过是在某个国家建立大工业的手段，也就是使这个国家依赖于世界市场，然而，一旦它对世界市场有了依赖性，对自由贸易也就有了或多或少的依赖性”。这意味着保护关税制度仅是特定时期一国建立民族工业体系进而走向世界市场的策略性手段，自由贸易才是指引历史不断向前进的灯塔。

案例评析：

在恩格斯看来，保护关税制度曾是资本主义新旧生产方式完成更替的一种人为手段，但在长期意义上影响垄断利润在更大范围内实现，它终将被自由贸易取代。尽管他的重要论断已过去100多年，但今天保护关税制度本质上仍是资本主义国家建构竞争优势、转移国内矛盾的一种现实主义工具，并未跳出恩格斯的理论框架。重温其相关论断，有助于为加快形成以国内大循环为主体、国内国际双循环相互促进的新发展格局提供重要理论支撑，为洞悉经济全球化新动向、完善全球经济治理提供思想支撑。

（节选改编自刘顺的《资本主义“保护关税制度”的历史存在及当代反思——以恩格斯〈保护关税制度和自由贸易〉为中心的考察》）

思政案例二

思政元素：

恩格斯《关于自由贸易问题的演说》的序言中强调：“如果目前有一个国家接受自由贸易，它这样做当然不是为了让社会主义者高兴。它这样做是因为自由贸易已经成了工业资本家的一种必要。但是，如果这个国家拒绝自由贸易而抓住保护关税制度不放，好让期待社会灾难的社会主义者大失所望，那么这也丝毫无损于社会主义的前途。”

案例内容：

一、美国建国初期两种思想的争论

英国将北美殖民地定位为工业品的销售市场和原料的供应地。1776年，美国宣告独立，但并未摆脱经济上严重依赖英国的局面。在美国开国初期，有两条特色鲜明的发展路线主张。

一条是以美国第三任总统托马斯·杰斐逊为代表的以农立国的经济思想。杰斐逊是美国首任国务卿，他继承了法国重农学派及亚当·斯密古典自由主义政治经济学某些思想，并进行了本土化创新。他认为：只有农业劳动具有“生产性”，能创造剩余产品；而制造业和商业不具有“生产性”，不能创造剩余产品。因此，他提倡美国的所有公民都从事农业，用剩余农产品换取欧洲生产的工业品。他倡导发展农业生产技术，提高农业劳动生产率，反对建立资本主义性质的大农场，构建富有人情味的农业社会。他认为，联邦政府不应干预国民经济发展，应该实行“自由放任”的经济政策，联邦政府的功能仅在于提供经济发展必需的法律秩序。在国际贸易方面，他认为，贸易自由能够促进劳动分工、扩大市场、发挥比较优势，因此“全世界都能在完全自由的贸易体系中得利”。以农立国的思想除了构建出美国独特的资本主义制度外，也为美国大规模向西部扩张奠定了思想基础。

而另一条则是以亚历山大·汉密尔顿为代表的重工商主义的经济思想。汉密尔顿是美国第一任财政部部长，他继承了欧洲古典重商主义的某些思想，但更重视工业、制造业的发展。他认为工业、制造业同样具有“生产性”，而且制造业比农业更具生产性、更稳定、更能发挥人类聪明才智、更加具有多样性。因此，兼具制造业和农业的国民经济比纯农业经济更优越、更有效率、更能促进经济增长。他认为，对于美国这样制造业发展落后的国家，在国际重商主义体系中，不可能按照比较优势原则获得最大的国家利益和取得最佳的国民经济发展成果，联邦政府应该积极干预国民经济发展。他建议，政府应吸引商人投资制造业以及保护“幼稚产业”，政府可以采取禁止出口原材料、检查制成品以确保高质量、鼓励发明创造等措施。在贸易方面，他认为在国际重商主义体系中，如果美国实行自由贸易，则美国必将陷入依靠外国供应制造业产品、依赖海外市场发展农业经济的危险状态，在工业领域应实施“保护性高关税”。

在美国建国初期，各种思想交锋激烈，但随着汉密尔顿的意外去世和杰斐逊的思想转变，这两种经济思想有逐步融合的趋势。而在是否实施贸易保护政策的问题上，美国广袤的西部土地和丰富的自然资源使多数美国人倾向于支持自由贸易。不过于 1812—1814 年爆发的美国第二次独立战争，从客观上极大限制了美国的国际贸易（主要是对英国）；另一方面，战争也刺激了与其相关的军工部门的发展，大量私人资本从投资于航运业转向制造业，带动了纺织业和重工业的成长。这些因素共同导致争论的天平越来越倾向于贸易保护主义。

二、美国早期贸易保护主义思想的发展

19 世纪初，以辉格党及政治家、新闻工作者、律师、实业家为主形成了第一代美国学派。它的代表人物马修·凯里延续了汉密尔顿的“国家扶持制造业发展”的理念。马修·凯里认为：时下，英国产品如潮水般涌进，全国很大部分的劳动力将会失去就业机会，同时引发大范围的萧条，剥夺了他们购买生活产品的手段。著名学者弗雷德里希·李斯特是马修·凯里的好友，他于 1825 年赴美，通过与马修·凯里、约翰·昆西·亚当斯（美国第 6 任总统）、威廉·亨利·哈里森（美国第 9 任总统）等人的交流，形成了自己的保护主义思想。他认为，由于美国独特的制度和历史问题，分析美国的经济发展要求完全不同于英国政治经济学的规则和认知。他对“事实”而非理论更加重视，以反对亚当·斯密等英国经济学家的“学究式的”推理。他批评古典自由贸易理论忽视了各国历史和经济上的特点，认为各国对外贸易政策的选择应全面考虑其对国民经济发展的影响，取决于该国当时所具备的各种条件及所达到的经济发展水平。李斯特于 1831 年回到德国。1841 年，他在德国出版了《政治经济学的国民体系》一书。该书成为德国保护主义学说的集大成者，不仅成为经济学的经典，而且为德国的经济崛起提供了重要的理论支持。

亨利·凯里是马修·凯里的儿子，他是第二代美国学派的主要代表人物。马克思认为他是“北美唯一的有创见的经济学家”。在开始对政治经济学研究之前，亨利·凯里已熟悉亚当·斯密的《国富论》和大卫·李嘉图的《政治经济学及其赋税原理》以及马尔萨斯的《人口论》。但当他进一步进行研究之后，觉得英美两国存在巨大的环境和地理差异，因而古典政治经济学的有关主张并不适用于美国。他指出：“对一个经济落后的国家（美国）来说，通过贸易保护可以免遭来自先进国家（英国）产品的竞争，从而提高本国在起初发展阶段较低的生产力水平，提高技术和发明的能力，健全完善的工业体系，也提高了本国产品的国际竞争力。”他认为在主要工业国家和以原材料出口或农业为主的国家之间进行自由、平等的贸易是不可能的。亨利·凯里甚至认为对于 19 世纪的英国来说，其所倡导的自由贸易，实际上是通过剥削其他国家来保证本国经济发展。亨利·凯里根据 19 世纪美国的经济发展现实，对古典经济学说进行了批判，首次对价值、分配、人口、土地、货币和价格、保护关税、社会科学和自然科学之间的关系进行了系统论述，建立了不同于古典经济学的较为完善的政治经济学体系。代表亨利·凯里在经济学上最大成就的是他的《政治经济学原理》。

帕申·史密斯被称为第二代美国学派经济学家的综合者，他尝试把保护主义的经济思想从原来各部分具有差异且经常自相矛盾的状态变成一种完整统一的经济发展理论。他将经济增长主要归功于人类对能量的控制能力的日益增强，其中工业资本成为财富的主要源泉。他认为国际贸易对生产力发展具有负面影响：一是廉价外国产品打击国内资本家投资的积极性；二是国际贸易降低了本国工资的增长速度，从而阻止了劳动者对教育和工业技能培养的投资；三是只有终止对农业剩余产品的出口，才能实现土壤肥力最高。帕申·史密斯将其主要思想写入了他的专著《政治经济学手册》。美国内战后，林肯的施政纲领几乎完全以《政治经济学手册》为蓝图，这使得美国学派的各项经济主张在战后重建时期发挥了重要作用。美国学派不仅是关于国际贸易的研究学派，他们对经济学的各方面都进行了阐释，这些内容相互关联、互相支持，形成了较为系统的经济学说。他们的观点反对李嘉图价值理论的自由贸易思想、马尔萨斯人口论等理论。

三、贸易保护主义的成效与式微

在 1789 年美国实施第一个关税法时，税率为 5%~15%。为了应对第二次英美战争，美国陆续出台的四个贸易法案使得美英之间的商品交流中断，同时美国所有进口商品的关税增加了一倍。1861 年的《莫里尔关税法》将美国的平均关税从 20%快速提高到 47%。美国南北战争以工业化程度更高的北方的胜利结束，使得战后政府更加意识到保护制造业的重要性，并且更加重视运用差别关税对支柱产业和幼稚产业进行扶持和保护。1913 年的《安德伍德-西蒙斯关税法》开了大幅降低美国关税的先河，使得美国的关税税率降到平均 27%的水平。从 1860 年到 1914 年，美国的经济保持了长期较高速增长，整个制造业在 1914 年的产出规模是 1860 年的 12.5 倍，人均工业增加值也是 1860 年的 4 倍多。美国的钢铁、煤炭、机器制造、铁路、电器等工业生产值先后超越其他国家而位居世界第一。美国这个曾经以农业为主的国家，一举转变成为世界头号工业大国。不过随着经济地位的转变，美国的贸易保护主义政策不再适应其发展。为了更好地发展国内的高端产业，美国的跨国公司将其产业链配置到全世界，这就要求美国政府采取大力支持自由主义的国际贸易政策。第二次世界大战结束后，美国不仅与许多国家缔结双边贸易协定，还积极倡导自由多边贸易主义。

与此同时，美国国内以芝加哥学派为代表的新自由主义学者，也大力鼓吹自由贸易，将贸易保护主义作为阻碍全球化的逆流予以批判。因此，无论是在舆论界还是学术界，逐步形成了“贸易保护”与“落后、不利于发展”挂钩的潜意识。以著名的《美国经济史》为例，在介绍完美国的关税保护政策后，该书作者提出，“贸易保护主义在（当时的）美国大行其道，而这样的后果就是，利益由越来越少的人获得，成本由越来越多的人分担”，“这表明，虽然美国国内的所有行业都因为关税保护或多或少得到了些补贴（由消费者承担），但是制造业获得的好处远大于其应得的比例”。

迈克尔·赫德森更是从意识形态上给出解释。他认为，“对于保护主义的现代憎恨导致从历史中删除了自 1860 年至 1912 年共和党指导美国工业化的逻辑”。美国学派对自由贸易和李嘉图、马尔萨斯以及其他英国经济学家的经济理论进行了批判。对于那些急切地把美国史描述为是由自由贸易推动的和把西部扩张作为天命论的学者来说，这种批判对他们的认识产生了影响。“美国学派之所以落了个湮没无闻，主要原因是美国经济政策从保护主义转向了自由贸易。当美国替代英国成为世界上占支配地位的产业帝国之后，这种与帝国地位相配的经济、社会和政治意识形态及其历史学家，就不得不遗忘美国经济思想史中无法支持的这种新正统的经济思想。”

重读迈克尔·赫德森《保护主义：美国经济崛起的秘诀》具有特殊的意义。一是要认识到贸易保护主义从来就是美国的传统。有的学者对美国这段历史不太了解，以为美国只有自由贸易的传统，在特朗普推行贸易保护主义政策的时候，觉得难以理解。二是要明白，以美国学派为代表的经济学说，在美国从一个和拉美国家类似的农业国发展成工业强国的过程中，起到了重要的指导作用。只是当美国想要推行自由贸易帝国主义和金融帝国主义的时候，刻意地隐瞒了美国保护主义的传统。对于中国的学者而言，在研究经济学和经济史的时候，要从中国的实际和中国的需求出发，了解真历史、探寻真知识、解决真问题。三是要从工业化的角度理解美国的贸易保护主义。作为后发国家，汉密尔顿及美国学派的学者都认识到工业化的极端重要性，考虑用加强投资、鼓励技术、提高工资等方法促进工业发展。但其中，贸易保护主义可能是最强有力和最直接的。而现在的美国早已是世界第一经济和科技强国，科技和知识才是美国的比较优势。其再挥起贸易保护主义的大棒，必定得不偿失。

案例评析：

近些年来，美国政府采取了一系列贸易保护手段，严重地破坏了美国一手建立和长期支持的自由贸易的国际经济体系。这些措施，不仅仅针对中国，也针对其邻国和盟友。从历史的视角来解读美国的政策取向，有助于我们更好地理解美国政府的行动。

（节选自黄继炜的《美国贸易保护主义的传统与复苏——读迈克尔·赫德森〈保护主义：美国经济崛起的秘诀〉》）

第十章　资本主义从自由竞争走向垄断

思政案例一

思政元素：

2020年5月，习近平总书记看望参加全国政协十三届三次会议的经济界委员时强调，“坚持用全面、辩证、长远的眼光分析当前经济形势，努力在危机中育新机、于变局中开新局”，“我国经济潜力足、韧性强、回旋空间大、政策工具多的基本特点没有变”。

案例内容：

在美国经济发展过程中出现过多次衰退，而由衰退进一步演化成萧条的情况却屈指可数。其中，影响最为严重的非1929年美国大萧条莫属。与其相比，2007年美国爆发的次贷危机并演化成全球金融危机也只能算是一次较为严重的衰退；在经历了连续4个季度的衰退后，美国经济又重回增长正轨。反观大萧条，美国的国民生产总值（以1929年为基期）由1929年的1 014.4亿美元大幅降至1933年的683.3亿美元；大量企业破产，数千万人失业，失业率由1929年的3%上升至1935年的25%，即每四个人当中就有一人失业，国民生活水平急剧下降。直到1940年，美国的经济才恢复到大萧条前的水平。对大萧条的研究也吸引着众多学者。

一、大萧条产生的背景

1. 技术进步促进了经济繁荣发展

20世纪20年代，美国开启了由技术进步引领经济快速增长的阶段。美国机械化生产逐渐取代手工生产，大规模生产开始普及，由此导致生产效率的极大提高。从 1919 年到 1929 年，美国制造业的生产效率提高了 40%。汽车制造业、电机电器制造业以及建筑业快速发展，逐渐成为支撑美国经济增长的主要行业。美国汽车产量由 1920 年的 223 万辆增加至 1929 年的 536 万辆；到 1929 年，平均每 5 个人就有 1 辆汽车。美国国民生产总值由 1920 年的 713. 8 亿美元增长至 1929 年的 1 014. 4 亿美元，增长了约 42. 1%。美国居民的薪资水平逐步提高，由 1920 年的 433. 2 亿美元增长至 1929 年的 515. 2 亿美元，增长了约 18. 9%。

2. 融资环境相对宽松有利于信贷快速扩张

首先，美国拥有较低的利率环境。美国的短期拆借利率由 1920 年 1 月的 8. 25%持续降至 1924 年的 2. 74%，此后虽回升至 1927 年 12 月的 4. 11%，但仍处于较低水平；纽约联邦储备银行的贴现率则由 1920 年 1 月的 6%降至 1927 年的 12 月的 3. 5%。其次，货币供给量不断增加。由于当时美国施行的是金本位制，美国经济的繁荣吸引大量海外资金投向美国，海外投资者纷纷将黄金换成美元，导致美元供给增加。同时，美国连年保持贸易顺差，是当时最大的贸易顺差国。在金本位制下，黄金大量流入美国，从而对货币供给增加形成有力支撑。此外，为遏制黄金不断流向美国的趋势，1927 年，英国、法国、德国等向美国施压，要求美国联邦储备系统（简称“美联储”）降低利率，以此来降低美元的吸引力。美联储调低了再贴现率并通过公开市场操作购入政府债券，由此进一步增加了货币供给。据统计，美国 M2 的供给量在 1920—1927 年增长了 28. 8%，年均增长率达 3. 8%，远高于年均 1. 5%的名义经济增速。宽松的货币环境在刺激经济增长的同时，也激发了大规模的信贷扩张。美国商业银行贷款总量由 1920 年的 306. 5 亿美元增加至 1929 年的 414. 3 亿美元，增长了约 35. 2%。这些为投机行为提供了低廉的融资成本并催生了资产价格泡沫。

3. 投机盛行令股票市场泡沫极度膨胀

随着美国经济进入繁荣期，美国股市也进入繁荣期，特别是 1924 年以后，股票市场呈快速上涨态势，其中道琼斯工业平均指数由 1924 年 1 月的 97. 34 点上涨至 1927 年 12 月的 198. 27 点。此时，股票市场吸引了各阶层人民，倒卖股票已成为美国最时兴的投机生意。股民通过少量保证金就可买入股票。由于当时对股票融资贷款没有任何限制，最高可用 10%的保证金加 90%的借款购买股票，部分股民甚至连 10%的保证金也是借款融资。一时间保证金买股盛行，经纪人贷款大幅增长，并刺激股市进一步上涨。企业并没有将通过发行股票募集的资金用于生产活动，而是用于股票投机活动，从而加大了股市泡沫。与此同时，随着信贷的快速增长，信贷需求逐渐由生产性贷款、消费性贷款转向投机性贷款，贷款结构的脆弱性日益增加，加剧了金融市场的不稳定性。

4. 金融创新对股票投机推波助澜

投机者已不满足于传统银行提供的融资渠道，由此导致影子银行快速发展，新型投资产品、新型贷款模式等金融创新层出不穷。其中，投资信托快速发展。投资信托具有高杠杆效应，这种高杠杆效应表现在其投资组合上。当投资组合因增值而产生利润时，利润的全部或大部分会分配给普通股股票，由此推动普通股价格上涨。而且投资信托可基于杠杆效应的资本利得发起新的更大规模的投资信托，并以此递进，从而以较小的资本获得较大的市值。金融创新提升了投机者的杠杆率，扩大了资金链条的影响范围，同时也对股票市场走向疯狂起到助推作用，从而进一步放大金融市场风险。

二、大萧条产生的原因

1. 股市泡沫破裂开启美国衰退序章

为抑制股市的投机行为，美国政府加大了对股市的干预力度。一方面，美联储收紧了对证券经纪人的贷款。美联储禁止其会员银行将资金贷给证券经纪人，同时阻止联邦储备资金以有价证券的形式流入投机者手中，将股民交纳保证金的比例由10%大幅提高到40%以上。另一方面，美联储进一步提高贴现利率，将贴现利率由5%调升至6%。由于融资渠道的收窄和融资成本的上升，道琼斯工业平均指数在1929年9月3日触及381.17点的高位后便开始暴跌，大量资金从风险资产撤出。美国股市直到1932年7月才见底，最低点为41.22点，跌幅达90%。

2. 贫富差距扩大导致消费需求不足

美国劳动生产率的大幅提高并没有给居民收入带来显著改善，其中制造业工人的平均周工资由1919年的22.08美元上涨至1929年的25.03美元，上涨了约13.4%，远低于国民生产总值35.2%的名义增速。国民收入中劳动报酬所占比例在下降，而利润占比逐步上升，财富不断向富人集中。1929年，0.1%的美国人占有美国25%的财富。恩格尔曼和高尔曼的测算结果表明，美国的基尼系数由1919年的0.48上升至1930年的0.589，美国的贫困率则由1919年的51.6%上升至1930年的65.8%。贫富差距不断扩大使居民更多地依赖借贷消费，但这种消费方式不具有可持续性。随着美联储收紧货币政策以及市场流动性的缺失，信贷消费下降并导致消费支出减少，供需矛盾愈发突出。面对生产过剩的局面，美国企业的盈利能力持续恶化，开始减少对扩大再生产的投资，并降低用工需求。失业率的上升又减少了居民的收入来源，导致居民消费需求的进一步下降。

3. 实际利率上升抑制投资需求

为刺激经济增长，美联储曾多次下调贴现利率，将贴现利率由 1930 年年初的 4.5%降至 1931 年 9 月的 1.5%。企业的融资成本的不断降低，有助于企业增加投资。然而利率的降低并没有带来投资的增长，在 1930 年和 1931 年，美国私人投资总额分别下降了 31.9%和 35%。造成此现象的因素之一是实际利率的大幅上升。美国在当时正处于通货紧缩中，物价水平呈下降趋势。因此，即便美联储将贴现率降至 1.5%，但实际利率仍处于美国历史上的较高水平。实际利率的上升增加了企业的融资成本，从而对投资需求产生了抑制作用。

4. 不恰当的政策措施加剧衰退程度

不恰当的政策措施包括以下三种：

一是提高对本国产品的贸易保护水平。1930 年 6 月，美国通过了《斯穆特-霍利关税法》，大幅提高进口商品的关税。该法案通过后，各国相继展开报复行动，纷纷提高对美国产品的关税。受此影响，美国的贸易总额大幅下降，对经济增长的拉动作用持续减弱。

二是过度追求财政预算平衡的目标。尽管在大萧条期间美国政府增加了支出以应对经济衰退，政府消费支出和投资总额由 1929 年的 180.4 亿美元增加至 1931 年的 206.8 亿美元，但随着财政支出的增加，政府的财政赤字不断上升。为平衡财政预算，政府决定增加税收并通过了《1932 年税收法案》，提高了个人所得税、公司所得税等多种税率，这也是美国当时最大的一次增税计划。此后，政府支出却逐年减少，1932 年和 1933 年的美国政府支出分别降至 200.2 亿美元和 193.8 亿美元，从而导致财政政策对美国经济走出萧条的帮助相对有限。

三是货币政策失误导致市场流动性短缺。一方面，随着股市的暴跌以及经济的持续低迷，破产倒闭的银行数量逐渐增加，由 1929 年的 883 家上升至 1930 年的 1 251 家。而美联储并没有及时采取措施阻止银行破产倒闭，导致市场恐慌情绪蔓延。储户担心自己的存款消失而纷纷去银行提款，由此引发了挤兑潮。在此情况下，即使资产状况良好的银行也未能幸免。市场上流动性短缺导致银行破产数量大幅上升，截至 1933 年年底，美国尚在经营的银行数量仅为 14 624 家，较 1929 年骤减 42.3%。市场流动性短缺导致货币供给量大幅下降，1933 年 M2 的供给量较 1929 年下降了 33.4%。市场流动性短缺加剧了美国的通货紧缩，实际利率的提高又大幅增加了企业和居民的融资成本，导致经济产出水平的下降。此外，市场流动性短缺还降低了银行的贷款意愿，使银行所持的超额准备金大幅上升，从而令金融机构的融资功能下降，进一步恶化了市场流动性短缺的情况。受英国退出金本位制的影响，投资者担心美元贬值，纷纷将美元兑换成黄金。为防止黄金外流并提升美元的吸引力，美联储将贴现利率由 1931 年 9 月的 1.5%逐步提高至 1931 年 11 月的 3.5%。美联储提高贴现利率的行为对原本衰退中的经济无疑是雪上加霜。

三、结论及启示

美国大萧条发生前有强劲的经济增长做支撑，同时存在较为宽松的融资环境。这些导致信贷规模的快速增长，家庭部门和企业部门的杠杆率逐渐走高，贷款结构逐渐由生产性贷款、消费性贷款向投机性贷款转变，从而催生了资产泡沫。金融创新在此过程中进一步推波助澜，使美国金融系统更加脆弱。随着美国货币政策的收紧，利率水平不断提高，股市泡沫开始破裂，金融机构的资产负债表严重恶化，银行贷款意愿降低，金融系统的融资功能受限，市场的流动性大幅降低，家庭部门和企业部门面临的融资成本大幅上升，导致借贷消费的下降以及企业投资需求的减少、经济下行压力增加。而贸易、财政、货币等不恰当的政策措施进一步加剧了经济恶化的情况。我们通过对美国大萧条产生的背景及原因进行分析，可得到以下几点启示：一是确保市场有适度的流动性，既要避免流动性过剩引起的资产泡沫，又要避免流动性短缺带来的经济下行压力。二是加大对金融创新的监管力度，及时完善对金融系统中新业态新模式的监管，规避金融创新带来的系统性风险。三是缩小贫富差距，进一步完善税收制度，健全社会保障体系，减少不公平竞争。四是加强政策措施在经济危机发生时的救助作用。政府应采用更加积极的财政政策，以扩大财政支出、降低税收等方式对冲投资及消费需求的下降；并采用更宽松的货币政策，同时创新货币政策工具，避免信用紧缩带来的市场流动性不足，增强金融系统的融资功能。

案例评析：

1929—1933 年美国大萧条是美国最为持久的一场经济危机。在危机发生之前，美国曾经历了经济强劲的增长以及股市的繁荣。但宽松的融资环境在激发信贷规模攀升的同时，也令贷款结构不断恶化。贷款结构逐渐由生产性贷款、消费性贷款向投机性贷款转变，从而导致股市泡沫问题愈发突出。

随着政府对股市干预力度的增加，股市泡沫破裂，金融系统的融资功能逐渐下降，家庭部门和企业部门的融资成本上升，经济下行风险加大，而不恰当的政策措施进一步加剧经济恶化的情况。

（节选改编自邬琼的《20世纪30年代美国大萧条的背景、原因及启示》）

思政案例二

思政元素：

2021年8月30日，习近平总书记主持召开中央全面深化改革委员会第二十一次会议。会议指出，“党的十八大以来，我们围绕反垄断、反不正当竞争，作出一系列重大决策部署，完善公平竞争制度，改革市场监管体制，加强反垄断监管，推进高标准市场体系建设，推动形成统一开放、竞争有序的市场体系。针对一些平台企业存在野蛮生长、无序扩张等突出问题，我们加大反垄断监管力度，依法查处有关平台企业垄断和不正当竞争行为，防止资本无序扩张初见成效，市场公平竞争秩序稳步向好”。

案例内容：

19世纪下半叶，美国垄断组织逐渐崭露头角，其中最具代表性的就是美国标准石油公司。该公司在发展早期就摒弃了传统经销模式，以横纵联合的方式迅速发展成为美国托拉斯的典型，在19世纪末期就已经控制了全美90%的炼油业。不仅如此，标准石油公司的垄断还带动其他企业效仿。除此以外，标准石油公司的发展早期也是美国大企业雏形初现的阶段。其对美国垄断资本主义的形成也产生了极大的影响。因此，本文从19世纪末美国石油业的兴起出发，分析了标准石油公司早期的垄断特点及其产生的影响。聚焦于标准石油公司早期的发展，剖析其垄断早期的发展特征，实际也是在探讨美国大企业逐渐成熟的过程。

一、19世纪末美国石油业的发展

19世纪末，美国正处于从农业大国向工业大国转型的时期。1860年，美国的工业生产总值在主要资本主义国家中居第4位，还不足英国工业生产总值的1/2。到了1890年，美国的工业生产总值已跃居世界首位，占世界工业生产总值的 1/3。在这几十年间，美国工业增长率始终保持在 4% 至 5%，在当时资本主义强国中首屈一指。美国的工业化不仅发展速度惊人，而且各个工业部门在生产规模和技术开发方面都得到了质和量的提高。石油业与其他行业相比虽然起步较晚，但是发展迅速。许多美国商人发现该产业有着巨大的利益可图，于是将大量的资金投入石油开采。

美国石油业在发展初期十分混乱，就如同加利福尼亚淘金热一样，石油业的竞争刚开始非常激烈。1859 年，德雷克钻井开采出石油的消息一经传开，美国人民接二连三地赶到泰特斯维尔小镇，每个人都想分一杯羹，无论多少。尤其是当时正值内战结束之际，大量的退伍军人加入石油开采业中。除了开采的人员急剧增加以外，原始的原油开采和提炼工序也十分烦琐。所以，在石油业发展的前期，绝大多数的原油生产商、炼油商和市场营销人员都是以个人或合作伙伴的形式经营，几乎所有的石油公司只聚焦于发展一项业务，大多数炼油商也只对一种产品进行预加工。但从长远来看，这种单一的生产链根本无法长期稳定充足地供应市场。19 世纪末期，整个西方世界，尤其是美国的人口和经济都在迅速增长，煤油的需求逐渐普遍化，而工业机械化的发展预示着润滑油和润滑脂的销售将会增长。除了大力开采石油的工人在努力开采原油以外，钻井工人和生产商也为了提高工作效率，引入了管道运输，并在开采现场采用油罐储存石油。

无论是从事石油业的年轻人对金钱的渴望，还是当时社会对石油的大量需求，都在告知石油业，传统的销售方式迟早无法满足市场的需求，这些情况都给垄断的出现提供了可能性。尽管技术得到了改进，但工人和商人们开始怀疑，石油业到底能否赚取大量的利润。新的油田总是在还未赚取多少利润前就被快速地开采枯竭，这给生产商、管道运营商和炼油商都带来了损失。此外，如若不能带来可观的收入，那么从事该行业的工人也没必要冒着生命危险去拼搏。就是在这样的背景下，洛克菲勒在 1870 年创办了标准石油公司。不同于其他小型石油公司一直遵循传统的经营管理模式，标准石油公司在早期就能敏锐地发现市场的需求并且迅速根据自身条件做出改进，将生产销售集于一体以谋求利润的最大化。

二、19 世纪美国标准石油公司的垄断特点

美国标准石油公司自建立后，就以极其迅猛的速度发展。从它早期的发展历程来看，我们大致可将其垄断特点总结为以下三点：发展迅速、适应力强、扩张无度。

1. 发展迅速

为了能成为美国石油行业中的常青树，标准石油公司在发展早期就意识到稳定的原油供应决定了一个石油公司的生命周期。19 世纪 80 年代的标准石油公司仍然是依靠购买大量的原油来维持生产，但这并不是长久之计。无论是来自自身经营的压力还是来自社会舆论的压力，都在迫使标准石油公司加快寻找稳定的原油供应。19 世纪 90 年代，标准石油公司仍然以各种方式鼓励原油生产。1898 年，标准石油公司的石油产量占美国石油总量的比例达到顶峰。早期的标准石油公司的成就是确定了稳定的原油供应源，并且能大规模开展石油生产，以及修建了新的输送管道，从而能将原油快速地从新地区向炼油中心输送。同时，标准石油公司意识到铁路运输对于节省成本的重要性。1871 年南方改良公司的成立就是为了让标准石油公司更好地控制美国的石油业。除此以外，标准石油公司还通过油罐车进行销售，以争取偏远地区的市场。1889 年，在美国人口分散的地区只有丹佛一个城市引进了油罐车，但到了 1892 年，通过油罐车进行销售的销售额已经在总销售额中占到了一定的比例。不放过任何提高利润的渠道，标准石油公司才能在 19 世纪末就以极快的发展速度在美国石油工业中夺得主导地位。

2. 适应力强

标准石油公司自成立之后，不仅能够迅速地意识到自身的不足，还能采取相应的措施以快速适应市场变化。不同于其他公司只一味发展石油业务，标准石油公司在发现石油的开采量不足之后，就想到拓展天然气业务，以弥补原油开采的短板。天然气的市场也在慢慢扩大。标准石油公司发现如果天然气的价格低于其他燃料，那么对于许多大型工业产品的消费对象而言，这必定是更好的选择。于是，为了赚取更多的利润，标准石油公司高层在 1883 年决定增加运输和生产天然气的相关业务。但这一举措受到了公众的强烈指责，人们认为标准石油公司之所以发展天然气业务是为了提高价格从而垄断市场，这样的做法会损害其他传统企业的利益，并且激起市场内部的竞争。

为了适应市场变化，标准石油公司除了增加新业务以外，对公司的内部结构也做了相应的改变。20 世纪 80 年代末 90 年代初，垄断已经在许多工业部门形成，并已成为社会生产发展的趋势。1886 年，标准石油公司成立了贸易委员会，这可以让其市场营销人员与炼油商直接对话，也标志着标准石油公司市场营销的系统化。除此以外，标准石油公司也设立了其他部门，这些部门会对成本、产量和销售额详细进行统计分析，并针对所遇到的问题提出解决方案。比如，在经过对燃料成本的仔细比较之后，相关的部门职员就会去说服一些炼油厂将燃料从煤转换为原油和石脑油。在适应新的生产条件和石油市场波动的过程中，标准石油公司的管理人员慢慢地摸索出大规模销售的方法，标准石油公司的销售额也逐年增长：1885 年至 1888 年，仅国内交易中煤油的成交数量就增加了 40% 以上。标准石油公司的内在结构的变化是为了适应生产社会化的发展所做出的调整，但同时这种调整反过来也促进了生产的进一步社会化。

3. 扩张无度

1898 年，标准石油公司的石油产量占美国精炼石油总量的 84%，并且控制了美国国内近 90% 的石油运输。扩张是标准石油公司早期发展的一个重要特征，这同时也是垄断组织的特征。在 1890 年至 1891 年，标准石油公司将安佳石油公司、森林石油公司和米德兰石油公司等一并收购。标准石油公司收购这几家公司其实也是在给自己增添更齐全的设备、收买专利，以及将别处的工程师和科学家等人才收为己用，并且衡量现有的炼油厂的产额，将老旧的效率低下的工厂拆除，收购或新建小型工厂，尽可能地实现各类资源充分利用。到 1891 年年底，标准石油公司对生产的投资已经高达 2 200 万美元，其规模已经非常庞大，在纽约、宾夕法尼亚州、西弗吉尼亚州、肯塔基州、俄亥俄州和印第安纳州都有资产收购。为了赚取更多利润，标准石油公司的扩张脚步始终没有放缓，逐步加强对市场的控制，甚至掌控了市场价格的走向。而这也导致了标准石油公司被拆解的结局。

案例评析：

标准石油公司在早期形成的新型企业结构和生产模式比传统的公司更适应社会生产的发展。标准石油公司的早期发展历史也是美国企业从传统经营模式向现代经营模式过渡的重要阶段。

（节选改编自江雨洋的《试论 19 世纪末美国标准石油公司的垄断特点及影响》）

第十一章　社会主义经济制度的最初实践

思政案例一

思政元素：

1960 年 1 月，毛泽东在上海召开的政治局扩大会议期间，对社会主义建设的 10 年经验进行了总结。在《十年总结》一文中，毛泽东开宗明义地指出：“前八年照抄外国的经验。但从 1956 年提出十大关系起，开始找到自己的一条适合中国的路线。”

案例内容：

苏联用了不到二十年的时间，走完了资本主义国家一二百年的工业化历程，从一个落后的农业国发展到居世界第二位的工业强国。这是世界工业化史上空前伟大的成就。但是，苏联为此也付出了沉重的代价。

一、成功实践：苏联由落后的农业国成为世界工业强国

苏联社会主义工业化是从实施新经济政策后期开始的。列宁的新经济政策实行了粮食税制，利用了国家资本主义，恢复和发展了商品货币关系，使得苏联经济的恢复取得了可喜的成就。“1925 年的农业、工业和运输业与 1913 年相比，农业产值达到 87%，谷物收获量达 94%，播种面积达到 99.3%；工业总产值达到 75%，铁路运输货运周转量为 80%。”在这种情况下，斯大林认为，国民经济恢复时期已经结束，应该转入新经济政策的第二个阶段，即把全部注意力集中到工业上去。于是，在 1925 年召开的联共（布）第十四次代表大会上，斯大林代表联共（布）中央正式提出了实现社会主义工业化的方针，即必须“使苏联从一个输入机器和设备的国家变成生产机器和设备的国家，从而使苏联在资本主义包围环境下绝不会变成资本主义世界经济的附庸，而成为一个按社会主义方式进行建设的独立的经济单位”。这一方针的提出，意味着苏联社会主义经济建设的重心将转向实现国家工业化。

苏联社会主义工业化的任务主要是在第一和第二个五年计划期间完成的。为了加快国家工业化的步伐，1927 年 12 月，联共（布）召开第十五次代表大会，通过了关于制订发展国民经济第一个五年计划（1928—1933 年）的指示。1928 年年底，苏联国家计划委员会就此起草了两个备用方案，即“最低方案”和“最高方案”。“最低方案”规定五年间的经济增长率依次为 21.4%、18.8%、17.5%、18.1%、17.4%，“最高方案”规定五年间的经济增长率依次为 21.4%、21.5%、22.1%、23.8%、25.2%。1929 年 4 月召开的联共（布）第十六次代表大会把“最高方案”作为最佳方案予以通过，同年 5 月召开的苏维埃第五次代表大会审议并批准了发展国民经济的第一个五年计划。第一个五年计划执行到 1932 年年底。1933 年 1 月，苏维埃政府宣布第一个五年计划提前 9 个月完成。在四年零三个月的时间内，苏联建成了 1 500 多个大企业，工业产值相当于 1913 年的 234.5%。第一个五年计划的完成，使苏联开始由农业国变成工业国，从而为实现国民经济的技术改造奠定了基础。

1934 年 1 月，联共（布）召开第十七次代表大会，讨论并通过了发展国民经济的第二个五年计划（1933—1937 年）。第二个五年计划的基本任务是：继续保持工业发展的高速度，在第一个五年计划奠定的物质技术基础上，完成整个国民经济的社会主义改造，基本建成社会主义社会。在斯大林提出的“技术决定一切”和“干部决定一切”的口号推动下，各个部门都掀起了以斯达汉诺夫命名的社会主义竞赛运动。由于斯达汉诺夫运动的广泛开展，第二个五年计划也以四年零三个月提前完成。在第二个五年计划期间，有 4 500 个大企业投入生产，工业产量比 1932 年增长了 120%，比 1913 年增长了将近 5 倍。而同一时期，资本主义世界工业产量比 1913 年仅增长了 44.3%。

苏联社会主义工业化所取得的成就是非常显著的，“从第一个五年计划开始到 1940 年，短短的 12 年内，苏联整个工业增长了 5.5 倍，年平均增长率高达 16.9%，其中重工业增长了 9 倍，年平均增长率为 21.2%。这是世界工业发展史上所没有的”。当然，苏联工业化的成就不仅反映在发展速度方面，更为突出的表现是：在较短暂的时间内，建立起了一个部门相当齐全的大工业体系，从而大大地增强了国家的经济实力和经济自立的能力。到1937年第二个五年计划结束时，苏联工业品产值已从世界第五位跃进到第二位，从欧洲的第四位跃进到第一位。苏联由此从一个落后的农业国发展为世界工业强国，正是从这个意义上说，苏联社会主义工业化是一次成功的实践。

二、发展代价："三农"利益被强行剥夺和严重损害

为了保证重工业的发展并实现工业化的高速度推进，苏联对"三农"采取了强行剥夺的办法，致使"三农"利益受到了极大损害。诚如毛泽东在《论十大关系》中所指出，苏联"片面地注重重工业，忽视农业和轻工业"，"苏联的办法是把农民挖得很苦。他们采取所谓义务交售制等项办法，把农民生产的东西拿走太多，给的代价又极低"。

苏联对"三农"的剥夺，集中表现为对农民实行了"贡税"政策。1928年，斯大林指出，苏联"只有一个办法：靠内部积累来发展重工业，使国家工业化"，在向重工业连续"超投入"的情况下，工业是不可能提供积累的，唯一的来源只有靠对农民实行"贡税"政策；农民不仅要向国家缴纳一般的税，即直接税和间接税，而且他们在购买工业品时还要因为价格较高而多付一些钱，在出卖农产品时多少要少得一些钱。斯大林把这种类似"贡税"的东西称作"剪刀差"。苏联正是通过这种农工产品价格上的"剪刀差"实现工业化的资金积累的。为了顺利地积累到资金，1929年11月，斯大林和联共（布）中央又决定在全国范围内开展农业全盘集体化运动。这种集体化运动并"不是指一般的吸引农民加入集体农庄的集体化过程，而是整村、整乡、整区、整州甚至整个共和国在短短几个月（有的地区甚至在几天）的时间里基本上完成了将千百万个体农民经济改变为集体经济的过程"。

斯大林及联共（布）中央除了实行农业全盘集体化并使"贡税"政策永久化之外，还倡导在全国各地普遍建立"机器拖拉机站和国营农场政治部"，专门负责监督集体农庄的生产和收成。每年当庄稼成熟在望的时候，国营农场政治部便提前派人到集体农庄去驻庄。一旦粮食成熟了，监管员便收走粮食，上交国家，这一举措同样是剥夺农民的厉害招数。"贡税"政策、全盘集体化运动以及建立"机器拖拉机站和国营农场政治部"等做法，都沉重地打击了农民的生产积极性，给农业的发展带来了极其不利的影响。加之，国家对农业的投入大大减少，致使农业滞后发展问题十分严重。在工业建设飞速发展的情况下，苏联的农业增长却非常缓慢。而在粮食生产方面则非但没有增长，反而还有所下降。在广大的苏联农村，长期的剥夺致使农庄、农场经济困难，农民收入低微，整个农业严重萎缩。

三、深刻教训：在维护“三农”利益基础上实现工业化

教训一：农民占主体的国家进行社会主义工业化建设，必须以农民为基点，信任农民，尊重农民的意愿，保护农民的利益，充分发挥农民的积极性。农民占人口大多数，小农经济占着优势地位，这是列宁所领导的苏俄的最基本的国情。在这样的国家里，社会主义的工业发展应该建立在促进小农经济发展的基础上。为此，列宁强调指出，“只要产品数量增加，小资产阶级不管怎样发展都不会有什么大的危害，因为这种情况可以使大工业发展起来，所以，我们应当鼓励小农业。我们必须尽一切力量来鼓励小农业”。与此同时，他又指出，“小农只要还是小农，他就必须有同他们的经济基础即个体小经济相适应的刺激、动力和动因”。为了给予小农经济以“刺激、动力和动因”，鼓励小农业的发展，列宁实行了粮食税制，并进而实行了新经济政策。新经济政策的实施，使农民的生产积极性得到了极大增强，农业劳动生产率也有了明显的提高。这一切，从根本上来说，都是列宁在恢复国家工业的过程中，坚持从国情出发，信任农民并尊重农民意愿和积极保护农民利益的结果。把社会主义的工业发展建立在促进农业经济发展的基础上，这是列宁为苏联社会主义工业化所指明的正确方向。然而，斯大林在加快推进苏联工业化时却背离了这一正确方向。他没能认清苏联农民占人口大多数这一基本国情，也没有认识到当时与苏联农村社会生产力水平相适应的依然是个体经济这种生产方式。这种客观实际要求促进个体经济的发展，而不是过早地用集体经济取代之；对待农民应当采取较为宽松的政策并积极鼓励他们进行积累，而不是对他们实行紧缩的政策甚至是掠夺的政策。

教训二：经济相对落后国家进行社会主义工业化建设，更应尊重农业发展规律，自觉利用商品货币关系，充分发挥价值规律对农业生产的调节作用。农业是基础，正如马克思所说：“超过劳动者个人需要的农业劳动生产率，是一切社会的基础。”农业的发展和农业劳动生产率的提高，是工业乃至整个社会物质的、精神的生产的基础。经济越是落后的国家，农业的这种基础作用就越突出，农业对工业等现代经济部门发展的制约作用也就越明显。列宁深知其中的道理，因此为了使农业经济迅速地发展起来，并以农业的发展来带动工业甚至整个国民经济的发展，他果断地做出了放弃战时共产主义政策而改行新经济政策的重大决定。

然而，要促使农业的发展，就必须尊重农业发展的规律。当时苏联的农

业以个体小农经济为重要基础，它的发展离不开商品货币关系。列宁从实践中清楚地认识到了这一点，因此他坚决主张实行粮食税制，以便农民可以自由买卖交完税后的剩余农产品。为此，他还强调，“应当把商品交换提到首要地位，把它作为新经济政策的主要杠杆”，一切企业都必须“按商业原则办事”，即都必须尊重、依据和运用价值规律，发挥价值规律的作用。只有这样，才能够尽可能快地恢复国家工业并使农业得到发展，从而建立起社会主义社会的基础。由此可见，列宁是想通过积极利用商品货币关系和价值规律来促使农业发展的。然而，斯大林并没有把它继续下去。

教训三：准确把握农村社会的实际情况，并以此为依据制定正确的农村政策。斯大林在苏联工业化过程中所实行的农村政策，特别是全盘集体化政策，在很大程度上是对战时共产主义政策的回归。而这种回归，从根本上说，是脱离农村社会实际情况的。1918—1920 年，由于战争形势及任务所迫，列宁提出对农村社会实行共耕制，实行共耕制主要是为了帮助农民恢复生产。实行共耕制，并不是因为苏维埃俄国农村的生产力水平已经达到了实现共耕制的地步，而是因为战争的破坏，个体小农户没有能力自我恢复生产，只有用共耕制的办法把他们组织起来，才能解决个体小农户恢复生产的问题。因此，列宁在战时共产主义时期提出对农村社会实行共耕制，是基本符合苏维埃俄国农村社会实际的。共耕制的基本特点是：土地、农具、牲畜公有，共同耕作，集中经营，统一分配。共耕制可以实现向社会主义大农业的直接过渡。斯大林正是抓住了共耕制的这一特点，极力倡导在农村社会推行全盘集体化，建立集体农庄。斯大林本来设想通过全盘集体化，用“新的社会主义的经济形式”促进苏联农业“一日千里地推进”，然而，他的这一设想并未实现。究其根本原因，正是因为农业全盘集体化政策完全脱离了苏联农村社会的客观实际。

案例评析：

苏联社会主义工业化使其由一个落后的农业国发展为世界工业强国，从这个意义上说，苏联社会主义工业化是一次成功的实践，但苏联为此也付出了代价，损害了“三农”的利益。

（节选改编自顾玉兰的《全面认识苏联社会主义工业化》）

思政案例二

思政元素：

以公有制为主体、多种所有制经济共同发展的基本经济制度，是中国特色社会主义制度的重要支柱，也是社会主义市场经济体制的根基。

案例内容：

中国社会主义现代化建设道路的选择、形成和发展是建立在我国社会主义制度基础之上的。在我国，用“三大改造”完成社会主义革命任务有其历史必然性，主要体现在以下两个方面：

1. 走社会主义道路是中国社会发展的必然结果

近代以来，中国人民最终选择马克思主义和走社会主义道路以救亡图存，是中国社会发展的必然结果。毛泽东曾指出：“帝国主义和中国封建主义相结合，把中国变为半殖民地和殖民地的过程，也就是中国人民反抗帝国主义及其走狗的过程。”鸦片战争后，随着外国资本主义的侵略，民族危机日益深重，有识之士迫切地向西方寻求真理，接二连三地从西方搬来了进化论、天赋人权论、资产阶级共和国等思想武器和政治方略。他们组织过政党，发动过革命，真诚地希望效法西方建立起资产阶级现代型国家，梦想中国走向独立、富强和自由的发展道路。可是直到孙中山的“三民主义”都没能解决救亡图存的现实问题。

俄国十月革命的胜利给全世界被压迫民族和人民树立了榜样，给苦思冥想探索“中国向何处去”的进步人士提供了新答案，资本主义道路走不通可以走社会主义道路。这时，李大钊历史性地从一个激进的民主战士转向为马克思主义者，不久，一大批初具共产主义思想觉悟的中国早期马克思主义者，在民族危亡的关键时刻纷纷举起了马克思主义大旗。显然，先进的中国人怀疑西方资本主义方案在中国的可行性，继而又通过中国旧民主主义革命的失败与俄国十月革命胜利的鲜明对比，认识到只有马克思主义、科学社会主义才是救亡图存的良方。

在马克思主义的指导下，1949 年 10 月 1 日，新中国成立，中国人民从此站起来了。由此，中国社会揭开了由“半殖民地半封建”性质经过新民主主义革命向社会主义过渡的新篇章。这正如毛泽东所指出的，“民主主义革命是社会主义革命的必要准备，社会主义革命是民主主义革命的必然趋势”。在当时的中国，随着土地改革基本完成，无产阶级和资产阶级之间的矛盾逐步成为国内主要矛盾，为解决这一矛盾，中国社会必然要实现向社会主义的转变。

土地改革完成后，中国共产党对新中国经济建设构建初步完成，对农业、手工业和资本主义工商业的改造具备了现实条件。党的七届三中全会针对国民经济恢复阶段的主要工作做了重要部署。1953 年 6 月 15 日，毛泽东在中央政治局扩大会议上发表重要讲话，对党在过渡时期的总路线和总任务的内容做了完整的表述，即要在一个相当长的时期内，逐步实现国家的社会主义工业化，并逐步实现对农业、手工业、资本主义工商业的社会主义改造。

2. 马克思科学预见了落后国家可以“跨越资本主义制度的卡夫丁峡谷”

中国革命采取什么样的道路和战略必须建立在对中国国情的深刻认识上，只有弄清楚中国革命的基本问题，才能找到正确的革命途径和方法。正如列宁所指出的，“一切民族都将走向社会主义，这是不可避免的，但是一切民族的走法却不完全一样，在民主的这种或那种形式上，在无产阶级专政的这种或那种类型上，在社会生活各方面的社会主义改造的速度上，每个民族都会有自己的特点”。而对于中国来说，马克思主义经典作家并未给出明确的指导意见，这就要求中国共产党人根据马克思列宁主义的基本原理对中国革命的实际情况做出具体的分析，找到适合中国民主革命的战略和方法。

毛泽东把新民主主义革命和社会主义革命比喻为文章的上篇和下篇，“两篇文章，上篇与下篇，只有上篇做好了，下篇才能做好”。1949 年 3 月，党的七届二中全会提出了使中国稳定地由农业国转变为工业国，由新民主主义国家转化为社会主义国家。这时的新中国更加需要中央集中力量，为社会主义工业化建设服务。再加上西方发达资本主义国家遏制新中国的发展，中华民族更加坚定了进行社会主义革命、走社会主义道路的步伐。

3.“三大改造”完成，社会主义制度在中国基本建立

以“一化三改造”为核心内容的“三大改造”是我国社会历史发展的必然趋势，极大地推动了马克思主义中国化，使新中国在较短时间内建立起了社会主义基本制度，实现了我国由新民主主义社会向社会主义社会的顺利过渡。

第一，我们通过“三大改造”建立起了社会主义公有制这一基本经济

制度。在农业方面，根据马克思主义基本原理，从我国农村实际出发，我国制定并实行了一套适合中国特点的对农业进行社会主义改造的方针、政策和办法。通过建立互助组、成立初级社、发展高级社，循序渐进式地把原先一个个独立的农民个体变成社会主义集体，并转化为相互合作的集体经济。从1951年开始，党中央颁发了一系列决议；1955年，全国掀起了农业合作化的高潮；到1956年年底，96%以上的农户参加了农业生产合作社，基本实现了农业合作化。手工业和农业的改造略有不同，但在整体上也是通过供销小组、供销合作社、生产合作社这样一种由低到高的方式，把原先个人的手工业模式融入集体所有制经济中来。社会主义手工业的具体改造的开始时间为1953年11月，稍晚于农业。1956年年底，全国大部分手工业者通过合作社模式加入了集体经济建设行列，基本完成了手工业合作化改造。资本主义工商业的改造和农业、手工业的改造不太一样，主要通过“和平赎买”的方式进行，将原来的资本家从剥削者的角色逐渐转变为社会主义劳动者，使民族资本主义逐步过渡到国家资本主义，建立起社会主义公有制。1956年年底，改造后的工商业企业中的总人数占全国工商业企业总人数的99%，资本主义工商业的社会主义改造基本完成。

第二，我国通过“三大改造”建立起了社会主义政治制度。毛泽东一直都非常重视新中国的国体和政体的问题，按照他的设想，新民主主义革命的结果必须朝着社会主义的方向，“它不造成资产阶级专政，而造成各革命阶级在无产阶级领导之下的统一战线的专政”，一定得是一个“工人、农民、城市小资产阶级和其他一切反帝反封建分子的革命联盟的民主共和国”，而要实现这种可能性就必须在无产阶级领导之下。就在“三大改造”进行得如火如荼的1954年9月，第一届全国人民代表大会第一次会议召开，会议通过的《中华人民共和国宪法》以根本大法的形式进一步明确规定了我国的国体和政体。

第三，“三大改造”促进了社会生产力的发展，为建立比较完整的社会主义工业体系提供了制度保障，为中国的社会主义现代化建设奠定了基础。我国“三大改造”的完成，建立起了社会主义公有制的经济基础，解决了无产阶级同资产阶级、社会主义道路同资本主义道路之间的矛盾，这为向社会主义性质的国家政权转变以及巩固新型的人民民主政权创造了条件。“三大改造”提出以“一化三改造”为核心内容，强调对农业、手工业和资本主义工商业的社会主义“三大改造”与社会主义工业化建设同时并举。这是我们的理论特色，也是实践上的重大创举。

关于工业化道路问题，毛泽东在《论十大关系》中指出："重工业是我国建设的重点。必须优先发展生产资料的生产，这是已经定了的。"新中国成立初期薄弱的国民经济决定了我们必须优先发展重工业以稳定国民经济命脉。根据当时的实际情况，毛泽东主张在优先发展重工业的前提下，安排好农业、轻工业和重工业的比例。由此，在"三大改造"的同时，我国也开始实施以优先发展重工业为战略目标的"一五"计划，重点建设包括钢铁、汽车和能源等在内的156个项目。这为我国社会主义工业化的发展，以及开辟一条具有中国特色的社会主义现代化建设道路创造了条件。

"三大改造"的完成结束了中国历史上长达数千年的阶级剥削制度，使占世界人口1/4的东方大国进入了社会主义社会。邓小平曾指出："我们的社会主义改造是搞得成功的，很了不起。这是毛泽东同志对马克思列宁主义的一个重大贡献。"

案例评析：

以"一化三改造"为核心内容的"三大改造"，实现了我国由新民主主义社会向社会主义社会的顺利过渡，建立起了社会主义公有制这一基本经济制度、社会主义政治制度和比较完整的社会主义工业体系等，由此开辟了中国社会主义现代化建设道路。

（节选改编自孙建华和于婉华的《"三大改造"奠定了中国社会主义现代化建设的制度和经济基础》）

第十二章 战后资本主义国家的经济增长与变革

思政案例一

思政元素：

2010年中国已成为全球第二大经济体，美国自然要把中国当成对手。2019年5月20日至22日，习近平总书记在江西考察并主持召开中部地区崛起工作座谈会时指出，“最重要的还是做好我们自己的事情”。

案例内容：

1945年12月，出席布雷顿森林会议的国家中有29国在《布雷顿森林协定》上签字，国际货币基金组织（IMF）和国际复兴开发银行（IBRD）即告正式成立。但是，布雷顿森林体系运作伊始即囿于经济和政治上的双重困境，无法有效地履行在全球建立国际储备、融通资金和稳定汇率的职责。随着东西方冷战局面的形成，美国转而通过复兴欧洲经济的马歇尔计划，使美元在国际货币体系运作的空缺时期率先全面介入西欧经济，进而成为欧洲主要的国际结算货币。

在经济上，欧洲国家在二战后初期的工业生产与出口能力完全瘫痪，各国的国际储备存量很低，急需大量用于进口的美元外汇。当时，无论是国际货币基金组织还是国际复兴开发银行，均不能为之提供足够的贷款资金。战争结束之际，“欧洲面临的最迫切的问题，是供给人民最基本的需要。上百万人面临着饥饿、疫疾和衣物、住房缺乏所带来的死亡。胜利者和被征服者都过着悲惨的生活，当务之急是紧急救济和重建工作”。对此，联合国善后救济总署一度发挥了重要作用。1945—1946年，它向欧洲提供了10亿美元以上的贷款，并分发了 2 000 多万吨的食物、衣物和医药品。另外，美国与加拿大于 1945 年 12 月联合贷款 50 亿美元给英国。1947 年，欧洲的农业因旱灾严重歉收，实际食品供给恶化，食物、原材料和代用品的短缺需要大量外汇（美元），而当年欧洲“受战争破坏地区的商品进口额为 202 亿美元，出口和其他经常性收入额相当于 131 亿美元，逆差 71 亿美元。由于出口计值的货币是不可兑换的，它们不能全用来购买所需进口商品，所以问题比逆差美元值所表示的还要严重。通过资金账户往来和联合国善后救济总署的努力，净逆差减少到了 16 亿美元，但善后救济总署 1947 年 6 月 30 日结束了在欧洲的活动，因而无望从那个方向还能得到资助”。随后发生的英镑兑换耗尽英国美元储备的事件，更使欧洲的外贸陷入困境。根据 1945 年 12 月的《英美财政协定》，英国在得到美国承诺 4 年内给予 37. 5 亿美元贷款的同时，承担了两年内使英镑结存债务自由兑换的义务。但“这样一笔信贷规模完全不能满足英国的需求。一年之内，20 亿美元以上的贷款消耗殆尽”。当时，“IMF 的作用是非常有限的，而且是被动的。其中最主要的原因是贷款资金有限，根本无法满足战后欧洲重建的需要”。

在政治上，随着美苏关系从战时盟友转向战后的冷战对峙，规划中的欧洲经济整体重建亦相应转为实质上的分裂重建，继杜鲁门主义之后出台的马歇尔计划则在其中先于布雷顿森林体系发挥了作用。苏联虽然是布雷顿森林会议的主要参加者，并且在基金、银行份额上获得仅次于美国、英国的地位，但由于会议的协定实质上是要“在苏联的中央集权计划经济和美国的竞争性市场经济之间推动开放的贸易和商业往来，而二者的国内经济体制和政策之间存在着巨大的、最终无法跨越的鸿沟”，因而注定了苏联不会批准协定。欧洲战争结束后，苏联与西方在东欧事务的处理上矛盾不断加深。斯大林曾强调：“这次战争和以往的战争不同，谁解放领土，谁就能把自己的社会制度推行到他的军队所到之处，绝不可能不是这样。”1944 年 10 月，斯大林和丘吉尔在莫斯科曾就东欧与巴尔干半岛的势力范围达成瓜分谅解，但杜鲁门上台后对此十分反感。其后，苏联与美英就波兰的边界和政府组成问题不断争吵，直至 1945 年 7 月 5 日美英承认波兰临时政府才告一段落。但 1945 年 8 月 18 日，美国国务卿贝尔奈斯又发表声明，公开谴责保加利亚的选举未按民主方式进行，苏联据此认为西方违背了业已达成的谅解，是对苏联在保加利亚权威和利益的挑战。西方有学者认为，贝尔奈斯声明是“苏美关系陷入悲剧性的死胡同”的开端，表明杜鲁门政府不承认并将竭力阻止苏联在东欧建立势力范围。

鉴于布雷顿森林会议后苏美关系的这些变化，同时苏联亦担心美国将利用国际货币基金组织和世界银行对苏联和东欧一些国家进行控制与渗透，担心卢布汇价受国际货币基金组织监督、解除关税、货币和其他方面的限制将破坏自身的经济主权，因而不同意向国际货币基金组织提供有关经济和金融方面的情报资料，以及对国际货币基金组织的货币和经济政策承担任何义务。最后，苏联决定拒绝批准参加布雷顿森林体系的协定。当时，美国财政部要求其驻苏联大使馆弄清原因，时任美国驻苏联外交时团临时代办的乔治·凯南认为与苏联进行战后合作的想法是“幼稚的”，他发了8 000字的电报，详细分析了苏联的外交政策，提出了对付苏联的遏制战略设想。这封电报为美国遏制战略的制定与实施做了舆论准备。1947年3月12日，杜鲁门主义出台，首开以经济援助遏制苏联对希腊、土耳其渗透扩张的先河。

在布雷顿森林体系缺乏早期运作资金的背景下，马歇尔计划通过欧洲主动申请、美国提供有条件援助的方式，使美元全面介入西欧各国的经济结算环节，实际占据了世界货币的制高点。马歇尔计划虽然表示“不是反对任何国家或任何主义，而是反对饥馑、贫穷、冒险和混乱”，但经济制度不能与西欧接轨的苏联在起步阶段即宣布退出，遂使该计划从名义上的整体重建欧洲落实为实质上的局部重建西欧。从1948年4月3日杜鲁门签署《对外援助法案》，到1952年6月30日执行该计划的经济合作署结束全部工作，美国共向西欧国家拨付援款131.5亿美元。当时西欧国家的外汇储备在战争中消耗殆尽，马歇尔计划的援助便几乎成为西欧进口商品的唯一外汇来源。

在马歇尔计划实施初期，西欧将援助大多用于进口急需的生活必需品，如食品和燃料；以后大宗进口的方向转向用于重建的原料和产品。作为接受马歇尔计划援助的条件，西欧国家建立了欧洲经济合作组织管理美国的援助资金。美国则通过与西欧设立对等基金账户制度，解决外汇紧缺和美元与受援国货币的转换问题：美国政府以财政预算的形式拨款（包括赠款和贷款）给美国经济合作署，由其向美国企业采购西欧复兴所必需的物资，然后通过该署设在各受援国的代表处转输物资；美方将采购物资的款项连同运输费和劳务费记入专门设立的特别账户，受援国的进口商则以当地货币支付货款（可采用信用支付等形式），并将该款项投入本国的对等基金账户；受援国政府不用立即向美国归还对等基金账户上的款项，而是将其编入财政预算实施进一步的投资计划。此外，美国还将汇划结算与马歇尔计划的“有条件援助”相结合，使美元在西欧各国间成为结算单位，打破西欧内部货币不能自由兑换、贸易壁垒森严的格局。所谓“有条件援助”是指：当西欧一国向另一国提供货物而后者缺乏支付手段时，美国则给予前者相当于后者赊款数额的美元货款，后者则与美国在各自的对等基金账户上登记了账。该“援助条件”冲破了西欧各国之间贸易的束缚，打开了西欧多边支付的新局面。

1948 年 10 月，西欧受援国在美国提议下缔结了多边的欧洲支付协定，美元成为其主要结算货币，从而在布雷顿森林体系起实际作用前占据了西欧国际货币结算的制高点。1950 年 9 月，欧洲支付同盟正式宣告成立，其宗旨是通过建立欧洲内部多边支付机制，恢复欧洲国家之间的贸易：成员来自贸易的收入和支付由国际清算银行统一掌管，各国在同盟内部有债权和债务地位，差额用美元或黄金清算，美元由此正式成为等同黄金的欧洲国家间的结算货币。

由于布雷顿森林体系在早期运作中既无法应付西欧的大额贸易赤字，又对西欧重要的财政和重建问题无能为力，马歇尔计划便在该体系发挥实际作用前通过提供“美元信贷”，既缓解了困扰西欧重建的“美元荒”，又成功地全面介入西欧受援国的经济结算环节，使美元成为欧洲各国最早通用的货币。

通过实施马歇尔计划，美国一方面在经济上，尤其是在国际货币调节机制上对西欧发挥了主导作用；另一方面又在政治上迫使苏联与其他东欧国家游离于西方主导的世界经济市场之外。筹建布雷顿森林体系的动机，是要吸取 20 世纪 30 年代大萧条期间世界经济无政府状态的教训，构建一个“由商业和法律维系的国际社会”，实现战后世界经济“稳定价格、灵活市场和多边自由贸易”的目标。它的政治前提是世界反法西斯联盟国家的战后继续合作，它的理论基础是美英两种战后国际货币体系方案的斗争与妥协。问题在于：当布雷顿森林体系大功告成正式生效之际，美苏关系却日益冷淡恶化，随着苏联拒绝批准布雷顿森林协定以及欧洲分裂渐成定局，该体系的政治前提遭到破坏；而美英在筹建该体系的过程中虽有矛盾与分歧，但二者的方案都是基于市场取向的自由主义价值观，只不过在“哪些国家应对外部（世界经济）稳定负主要责任”问题上存在分歧。因此，当美国出于对遏制苏联政策的需要，提出经济内涵与布雷顿森林体系相一致的马歇尔计划、拟在西欧先期实施“稳定价格、灵活市场和多边自由贸易”目标时，西欧国家立即做出了与苏联和其他东欧国家截然不同的积极反应。

马歇尔计划及时发挥了 IMF 的贷款功能，西欧为实施马歇尔计划而建立的欧洲经济合作组织和欧洲支付同盟则部分发挥了 IMF 的国际收支调节功能。因而真正支配西欧经济及其国际货币调节机制的主导因素，是马歇尔计划出口的“美国经济学”。在美国顾问的参与下，1947 年 7—8 月，西欧 16 国在巴黎会议上确定了接受援助的主要领域：重建国内财政稳定，大力开展生产，建立常设机构推动生产、资源、贸易、运输等方面的合作和人员的流动，解决美元赤字。次年 4 月，美国国会通过的《欧洲复兴法案》不仅将这些目标具体化，而且要求每个受援国制订具体计划来实现这些目标。当时，美国经济合作总署“比欧洲经济合作组织更重视生产的快速增长”。美国经济合作署的援助项目的实施从货币改革重建金融信心入手，利用对等基金补充资本投入，引导西欧各国将援助资金用于更新生产设备，重建电力、供水系统、道路等基础设施，成立劳资双边生产率委员会，鼓励西欧工业界访问美国工厂，与工会建立密切合作关系。到 1949 年春天，大多数西欧国家的通货膨胀得到了控制。西欧的“生产恢复到战前水平以及不断增多的金融稳定的迹象，不可避免地会引起压力，要求货币贬值、贸易自由化和形成欧洲支付同盟”。此时，IMF 对马歇尔计划的实施发挥了辅助作用。

西欧各国起初为使国内居民买得起外汇、以利于进口必要的资本设备，纷纷限制外汇的自由流动，并将本国货币汇率继续保持在 1944 年的水平。美国经济合作总署和 IMF 意识到各国将汇率固定在 1944 年的水平定值过高，如不贬值会对国内经济形成紧缩影响，不利于战后经济的恢复。另外，IMF 也没有足够的贷款资金提供给这些国家，以弥补其大量的逆差。在美国的督促与支持下，1949 年，IMF 出面对西欧各国进行了大规模的汇率重组：英镑对美元贬值 30%，随后又有约 30 个国家的货币经 IMF 同意对美元贬值。汇率重组后，各国经济开始复兴。

朝鲜战争的爆发又使美国持续增加海外军事开支：美国的军事开支在 1950 年为 5. 8 亿美元，在 1953 年增至 23. 4 亿美元，在 1958 年高达 31. 1 亿美元。西欧由此形成了贸易顺差。到 1958 年，西欧主要工业化国家已积累了足够的美元外汇储备，各国认为货币自由兑换的时代已经到来，便解散欧洲货币联盟，于次年 1 月正式履行布雷顿森林协定“双挂钩”的协议承诺；西欧主要国家的货币也开始同美元自由兑换，布雷顿森林体系开始正式发挥调节整合西方世界货币金融制度的功能。

马歇尔计划使美国与西欧在经济上联合成一个集团，苏联则提出和实施“莫洛托夫计划”，通过加强东欧国家之间的经济联系与西方抗衡。苏联退出巴黎三国外长会议后，鉴于波兰与捷克斯洛伐克一度表示要参加马歇尔计划，立即于当年 7—8 月与东欧国家广泛签订贸易协定，使“以前流向西欧或苏联势力范围之外的其他地区的大宗贸易转向了东欧”，西方把这些协定统称为“莫洛托夫计划”。斯大林认为，第二次世界大战造成了“统一的无所不包的世界市场的瓦解”，和“世界资本主义体系总危机的进一步加深”。随着战后“统一的和强大的社会主义阵营”的形成，出现了“两个平行的也是相互对立的世界市场”，并朝着不同的方向发展。

1949 年 1 月 25 日，苏联、保加利亚、匈牙利、波兰、罗马尼亚和捷克斯洛伐克六国代表在莫斯科签署并发表了《关于成立经济互助委员会的公报》，强调社会主义国家“不能屈服于马歇尔计划的操纵”，“为了实现人民民主国家和苏联更广泛的经济合作”，“在平行的代表权基础上，交流经济经验，相互给予技术上的援助，彼此在原料、粮食、机器、装备等方面提供协助”，决定成立经济互助委员会（简称“经互会”）。该公报还强调，经互会是“开放性的组织”，“凡赞同经济互助委员会原则和愿意同上述国家广泛进行经济合作的其他欧洲国家也可以参加这一组织”。当年 4 月，经互会正式宣告成立。该组织实际上是一个封闭的经济集团，各成员国的经济发展直接受制于苏联的计划经济，并与苏联的经济发展相挂钩，游离于西方主导的世界经济市场之外。当时对西欧实施马歇尔计划起辅助作用的布雷顿森林体系与经互会没有建立任何业务关系。

从筹建布雷顿森林体系到实施马歇尔计划，战后美元霸权确立的步骤经历了从着眼全球到立足西欧的变化。与一战后美国通过道威斯计划以对德国投资启动欧洲重建的“赔款→战债→投资”循环链相类似，马歇尔计划是二战后美国以冷战为旗帜启动重建欧洲（西欧）经济的特殊投资项目。美国进行冷战的旗帜主要是为了争取美国国会批准联邦政府的对外援助计划，正如英国学者佩克所述：“如果没有冷战的压力，期望将这样一个大规模援助计划送交国会自然颇为艰难。”马歇尔计划对西欧投资得到的最大回报，就是欧洲市场的门户开放——多边支付体系下的自由贸易原则和不受限制的货币自由兑换，从而为美国战后过剩的生产能力提供市场。通过马歇尔计划，美元由欧洲的国际结算货币顺势登上了世界货币的制高点，布雷顿森林体系的“两挂钩一固定”原则和欧洲早期的“美元荒”，又使美元全面介入西欧国家的国际储备领域，进而巩固了美元的霸权地位。西欧经济也在这种特殊历史条件下沦为战后初期美国经济的附庸。

案例评析：

二战结束之际诞生的布雷顿森林体系虽为美元获得霸权地位提供了平台，但美元获得霸权地位源于冷战开始之际的马歇尔计划。美国通过援助西欧重建，使美元在布雷顿森林体系发挥作用之前就已全面介入了西欧的经济，并逐步获得霸权地位。

（节选改编自金卫星的《马歇尔计划与美元霸权的确立》）

思政案例二

思政元素：

2017 年 10 月 18 日，习近平总书记在十九大报告中指出："我国经济已由高速增长阶段转向高质量发展阶段，正处在转变发展方式、优化经济结构、转换增长动力的攻关期，建设现代化经济体系是跨越关口的迫切要求和我国发展的战略目标。必须坚持质量第一、效益优先，以供给侧结构性改革为主线，推动经济发展质量变革、效率变革、动力变革，提高全要素生产率，着力加快建设实体经济、科技创新、现代金融、人力资源协同发展的产业体系，着力构建市场机制有效、微观主体有活力、宏观调控有度的经济体制，不断增强我国经济创新力和竞争力。"

案例内容：

停滞性通货膨胀（简称"滞胀"）是用于描述通货膨胀与经济停滞同时存在的经济现象。一方面，通货膨胀的存在使得物价持续上涨；另一方面，经济出现停滞或者增长缓慢导致失业率增加。英美滞胀最为典型的时期莫过于 20 世纪七八十年代，当时治理滞胀是一件非常棘手的任务，传统意义上矛盾的双方同时发生，让二战后长期奉行凯恩斯主义刺激政策的英美两国不得不改弦易辙。

20 世纪 70 年代初期发生的石油危机使得美国陷入经济滞胀，一直延续到 80 年代初里根执政，情况仍没有好转，政策执行顾此失彼，矛盾双方此消彼长。1981 年，以反通货膨胀为主要目标，里根政府推出经济复兴计划，主要采纳了供给学派的观点，消减税率，压缩政府规模，抑制政府开支；采用紧缩货币政策，通过货币发行量控制通货膨胀。具体措施有：①大幅度抑制政府开支，缩减政府规模；②大规模减税，提高企业和个人生产积极性；③放宽行政限制，减少政府对市场的干预，发挥市场机制，提倡自由贸易；④规范福利制度，缩减福利开支；⑤稳定金融，控制货币发行量；⑥加快固定资本折旧，缩短固定资本使用年限，提高更新速度。

里根政府希望通过减税的方式，增加劳动力的积极性，减轻企业负担，提高企业扩大再生产的动力，从而促使经济增长，失业率降低；通过缩减政府规模，减少政府对市场的干预，增强市场自主性和活力；通过减少政府开支和福利支出，来降低财政赤字，从而平衡预算，降低通货膨胀压力；通过稳定货币供给量，稳定通货膨胀率。政策的效果是明显的：通货膨胀率由1980年的13.8%下降到1983年的不足4%，随后继续下降；失业率从1983年的9.6%下降到1989年的不足6%；经济增长率在1983—1989年始终保持在4%左右。然而，政策的执行也付出了很大的代价，减税政策导致财政赤字不断增加。据统计，美国联邦政府的赤字在1981年为790亿美元，在1986年扩大到2 212亿美元。由于将控制通货膨胀作为首要目标，美国联邦政府不得不通过向民间投放国债的方式筹集财政资金，美国的国债已由1983年的13 819亿美元猛增到1984年的15 900亿美元，虽然没有导致市场货币供给的增加，但挤占了民间资本金，造成货币供应紧张、利率陡升。1980—1984年，优惠利率平均高达14.4%，而1975—1979年则仅为8.6%，20世纪60年代中期则更低；3个月短期国债利率由1979年的10.04%跳升至1981年的14.08%，比较来看，20世纪60年代中期3个月短期国债利率平均在3%以下。由于国际利差增加，外资大量流入美国，1984年流入的资金额达到1 180亿美元，比1983年增加了一倍。截至1984年年底，外国在美国总投资额度达8 860亿美元，虽然在一定程度上缓解了美国的货币紧张和财政赤字再融资问题，但使得美国几乎成为净负债国。国内的高利率以及外资对美元的强烈需求，使得美元汇率在1981—1984年不断攀升。

高利率使得国内企业资本使用成本剧增，强烈抑制消费信贷，也加重了国债还本付息的代价；而高汇率使得国内出口产品的竞争力锐减，国民生产总值降低和失业率持续高位运行。因此，里根政府的政策所造成的后果也有可能再次使经济坠入深渊，这又迫使里根政府开始降低经济紧缩的程度，转向为继续实施减税但同时适当增加货币供应，平抑利率。之后，石油和原材料价格的下降、高失业率引起工资的缓慢增长等为经济的回升提供了有利的条件，缓解了通货膨胀的压力，减少了企业成本和信贷需求，增加了企业利润和流动资金。同时，第三产业的发展，服务、金融等行业的兴起，国际资本流动带来的资金和新技术，以及20世纪70年代中期以来以电子、宇航、新材料、生物工程和新能源为代表的新技术革命的产生和发展，为美国经济走出滞胀提供了保障。20世纪70年代中期，电子产品每年以19%的速度增长，1980—1986年年均增长仍然保持在4%，是当时平均增长率最高的行业。因此，若没有生产技术的发展作为保障，里根政府的政策结果将会增加更多的不确定性。

从20世纪60年代开始，英国的经济增长缓慢，当时西方世界工业发达国家的平均年增长率为5.7%，而同期的英国只有2.7%。1973年石油危机后，英国的通货膨胀率增加，零售平均价格由年平均增长3.1%发展到年平均增长7%，甚至个别年份在20%以上，失业率则由1970年的2.5%上升至1977年的5.7%。英国在遭受经济增长缓慢折磨的同时也陷入通货膨胀的泥潭。虽然与其他国家一样进入滞胀，英国本身的“慢性病”也不能忽视。英国的政治制度导致了其经济政策的不连贯；工党和保守党实行截然相反的经济政策，制造了一系列矛盾；政府与公有企业和私营企业的矛盾无法调和，主要表现为多部门对国有企业的管制矛盾和直接干预，对于私营企业的渗透和畸形扶持等；计划投资工作造成了比较严重的损失；经济组织过多，部门间为利益讨价还价，影响政策执行；生产设备相对落后，技术革新严重受阻；社会福利覆盖范围过宽，使得劳动积极性下降；不重视工商业管理人才的使用和培养；经济结构转型也导致暂时的生产效率低下。1979年撒切尔政府开始执行以货币主义为主导思路的经济政策，缩减政府开支，降低税率，减少政府对经济的干预以加强私营企业的作用，控制货币供应量从而抑制通货膨胀。其主要措施可以归纳为：①严格控制货币供给量并紧缩信贷；②消减财政开支，严格控制政府公共支出；③改革税制结构，刺激私人对生产投资的积极性；④减少国家干预，精简政府机构，减少政府对国有企业的资助，对国有企业进行私有化改造；⑤消除工会的垄断影响，推行工资改革，推进工资与利润挂钩制，提高工人工作的积极性；⑥调整产业结构，加快以电子工业为主导的新兴产业的发展；⑦恢复劳动、货物和金融市场的自身调节机制。

撒切尔政府所采取的措施，不仅是为了对付滞胀，也是为了应对英国的“慢性病”。政策的实施使英国的通货膨胀得到相对有效控制：1983—1988年，英国的通货膨胀率平均为5%。同时，经济开始有所增长，在1982—

1988 年年平均增长率为 3%；固定资产投资增长较快，在 1982—1987 年年平均增长率维持在 5%。由于税制改革，工人和私人企业主的生产积极性提高，劳动生产率从 1982 年起每年平均提高 3.5%。降低失业率的效果显现相对迟缓：直到 1985 年失业率才到达顶峰（13.4%），1986 年失业人数达 329 万人，之后逐年下降，在 1988 年失业率降为 7.9%。双紧的政策的执行初期加快了经济衰退。1981 年第二季度的英国国内生产总值比 1979 年同比下降了 7%，全年相比下降了 5.4%。1979—1981 年，英国国民生产总值下降了 4%；工业生产总值下降了 13%；失业人数突破 250 万人，最高达到 325 万人。失业人数的显著增加，导致政府社会福利支出增加巨大。同时，通货膨胀进一步加深，1980 年 5 月，英国通货膨胀率飙升至 21.9%。面对经济的下滑，撒切尔政府被迫适当放宽货币供给。1980—1981 年，撒切尔政府的政府支出比预定目标增加了 20%，公共开支比计划多支出 47 亿英镑，利率统一下调至 4%。这种略带凯恩斯主义的货币主义政策使得经济状况开始好转。

撒切尔政府的货币主义政策和里根政府的供给主义政策有很多相同之处，可以概括为：①摒弃凯恩斯主义的需求管理政策，将控制通货膨胀率作为一个长期的管理目标，避免一出现衰退就实施财政扩张的方式。②抑制政府开支，压缩政府赤字，防止国债货币化，同时，压缩政府规模，降低对经济的扭曲，激发市场活力。③以控制货币供应量为紧缩政策的杠杆。在滞胀条件下，由于预期的作用，利率随着货币供应正向变动，在这种情况下，直接管理存准率和利率对于货币的控制更加适合。④通过减税的方式，提高劳动供给和企业收益，从而刺激劳动生产率，提高储蓄和投资，增加社会商品总供给。⑤抑制工资上涨。因为劳动力成本的增加是形成滞胀的重要原因，而减税可以提高工资率，拉开工资和救济之间的差距，刺激劳动积极性。另外，经济的萎缩和失业率的提高，迫使工人工资下降，切断工资和物价轮番上涨的恶性循环。⑥重视经济结构调整和节能减排，降低对石油的依赖程度，减轻石油成本上升对通货膨胀的影响，促进新技术的产生，用供给创造需求。⑦通过国营企业民营化和放松行政管制，激发民间经济活力，提高生产效率。

撒切尔政府认为，缩减政府的规模和影响范围，能够降低对市场的影响，从而激发市场潜力。里根政府认为，放松降低政府管制，可以增强企业的积极性和主动性，从而增加市场的内在动力。英美两国在应对滞胀问题所提的政策惊人的一致：一方面，通过较为严格地控制货币供给量来消减通货膨胀的威胁；另一方面，在各个层面上削弱政府对经济的干预和控制，降低垄断势力对经济的扭曲，从而促使企业和个人以高涨的积极性去参与生产，最终以供应的增加缓解物价的上涨。总之，在滞胀时期，英美不约而同地回归信奉市场的力量，降低政府在经济活动中的参与度。

案例评析：

虽然新自由主义代替凯恩斯主义把资本主义从滞胀的漩涡中拉出来，但与之有关的噩梦并未结束，只是刚刚开始。21 世纪以来，尤其是国际金融危机爆发之后，资本主义经济社会所呈现的一系列问题，使世界范围内对新自由主义批判的声音不绝于耳。新自由主义经济政策导致效率与公平失衡，引发资本主义社会广泛而深刻的危机，成为诱发当前逆全球化问题的罪魁祸首。

（节选改编自宋佳和曾宪萍的《英美治理“滞胀”的政策解析及对我国的启示》）

第十三章　战后发展中国家的经济增长与发展

思政案例一

思政元素：

2021 年 2 月 6 日，习近平总书记致电第 34 届非洲联盟峰会，向非洲国家和人民表示热烈祝贺，祝愿非洲国家和人民在联合自强、发展进步的道路上不断取得更大成就。习近平总书记强调：“2020 年是中非关系令人难忘的一年。中非双方在抗击新冠肺炎疫情中相互支持、共克时艰，中非团结抗疫特别峰会成功举办，中非各领域合作持续推进，双方共同维护发展中国家利益和国际公平正义，向全世界展现了中非关系的高水平。今年，新一届中非合作论坛会议预定在塞内加尔举行。中方愿同非方一道，凝聚战略共识，推进抗疫合作，全面落实论坛北京峰会成果，推动中非共建‘一带一路’合作走深走实，为构建更加紧密的中非命运共同体不懈努力，造福中非人民。”

案例内容：

非洲的总面积为 3 000 多万平方千米，人口只有 12.86 亿人（截至 2021 年 1 月底），是地广人稀的一个大洲，也是世界上国家最多的一个大洲。现在世界上的发展中国家集中在非洲、亚洲和拉丁美洲。

非洲绝大多数国家是在 20 世纪六七十年代取得独立，建立主权国家。非洲国家独立后的发展，实际上主要包括两个方面的任务：一是发展民族经济，增强国家综合实力，提高人民的物质和精神生活水平；二是加强民族团结，增强多民族国家的凝聚力。这两项任务是相互影响、相互作用的。

非洲的发展不会、也不可能离开独立时的基础和条件。因为人民能够创造历史，可是这种创造只能是在十分确定的前提和条件下进行的。这里所说的基础和条件包括了地理环境、人力物力资源、历史文化特点、社会发展的现有水平等。其中，原先殖民宗主国的统治和掠夺对它们产生的长期而又深刻的影响是不可低估的。

西方殖民主义国家对非洲的侵略、统治和掠夺同其对拉丁美洲、亚洲的侵略、统治和掠夺相比较而言有其明显的特征。非洲人民反对殖民主义、争取民族独立的斗争也有其鲜明的特点。在亚非拉三大洲中，非洲是最早遭受西方殖民主义侵略，但最晚完成殖民化，也是最后取得政治独立，建立多民族国家的大陆。在中世纪末期，葡萄牙是最早对外进行殖民侵略的。它在1415年占领摩洛哥的休达建立殖民据点，这是西方殖民主义国家在亚非拉地区建立的第一个殖民地。近代殖民主义是在非洲大陆降生的。自此起，到19世纪70年代末，葡萄牙、西班牙、荷兰、英国、法国等国在非洲已经霸占了1/10的领土，建立了它们在非洲的第一批殖民地。这批殖民地不少则成为西方国家到达亚洲、拉丁美洲的过境后勤基地。有些曾经还是进行奴隶贸易的据点。

19世纪70年代以后，西方资本主义强国向帝国主义过渡。分割世界是帝国主义的一个重要特征。从这个时期起，开始掀起了夺取殖民地的高潮，帝国主义列强侵占、分割世界领土的斗争达到了极其尖锐的程度。但在当时，亚洲的土地基本上已经瓜分完毕，而拉丁美洲由于美国实行门罗主义，欧洲列强在那里的扩张遭到排挤，因此，争夺非洲的大块“无主地”成为欧洲列强对外掠夺的重要目标。19世纪80年代中期，西方帝国主义国家召开的柏林会议，揭开了疯狂瓜分非洲的序幕。到1912年为止的27年时间，英国、法国、德国、意大利、比利时、葡萄牙、西班牙等国已经占领了非洲96%的领土，只有埃塞俄比亚、利比里亚两国在名义上保持独立，但实际上也已沦为半殖民地国。非洲在这个时候才最终完成殖民化。但在当时，拉丁美洲已经出现了第一次民族独立运动的高潮，不久一大批民族独立国家光荣诞生。殖民体系在拉丁美洲逐渐崩溃。

西方列强在非洲的辖区里建立起政治统治，先是实行“分而治之”的政策，从20世纪初起普遍采取“合而治之”的策略。法国和英国最为典型。例如，法国在1904年又把它在西非的所有殖民地合并成西非联邦，1910年又把在赤道非洲的殖民地合并成赤道非洲联邦。英国殖民部在1914年年初将不同民族、宗教的北尼日利亚保护地、南尼日利亚保护地和拉各斯殖民地强行合并为单一的尼日利亚殖民地和保护国。它们都由宗主国人士担任的大总膺进行统治。殖民地最基层设有村一级组织，村长由宗主国人士担任的县长选择忠诚于殖民当局的非洲人酋长或传统势力担任。他们帮着强迫非洲人纳税、强征劳动力，维持社会治安等。后来，德国、比利时、葡萄牙、意大利殖民主义者都仿照法国和英国，对殖民地采取“合而治之”的策略，分别成立德属东非、葡属东非、意属东非、比属中非等。

一战结束后，随着亚洲的觉醒，出现了民族独立运动的新高潮。非洲的形势从总体来说迥然不同，在殖民化道路上越陷越深。一战及一战后 20 年，随着帝国主义压迫掠夺的进一步扩大和深化，非洲已经转化为帝国主义的后方，非洲经济的畸形发展具有深刻的殖民地性质。

二战及战后 10 年，随着亚洲民族解放运动的蓬勃发展，殖民体系在亚洲走向崩溃。非洲，特别是撒哈拉以南的非洲却被西方老殖民主义国家视为它们在海外殖民地的最后阵地，极力强化其统治和加紧掠夺。例如，英国在其东部和中部非洲殖民地又分别建立东非联邦、中非联邦。法国也强化“法兰西联邦”对非洲殖民地的统治。美国新殖民主义也积极染指非洲。非洲一时被称为“黑暗的大陆”“沉寂的大陆”。1955 年召开的亚非会议大大地鼓舞和推进了非洲民族独立运动。20 世纪六七十年代是非洲民族独立运动取得决定性胜利的时期。42 个国家在这一时期获得了独立。1990 年纳米比亚的独立，标志着殖民体系在非洲已经彻底瓦解，非洲的反殖民主义斗争取得重大胜利。

非洲国家之所以能够取得独立，是它们分别依靠以下三种斗争方式实现的：第一种是通过武装起义，坚持长期的武装斗争，如阿尔及利亚、肯尼亚、津巴布韦，还有葡属非洲殖民地等少数国家。第二种是广泛发动群众，运用除武装斗争外，罢工、游行示威等各种合法斗争，如利比亚、苏丹、加纳、几内亚等国。第三种是与殖民宗主国政府和殖民当局开展上层斗争。宗主国在不得已的情况下，为了维护自己的利益，有条件地允许非洲殖民地获得独立，迫使它们签订各种各样保护殖民宗主国利益的条约和协定。像法属西非和赤道非洲绝大多数殖民地就是这样的。但总的来说，依靠第二、第三种斗争方式取得独立的占大多数。非洲非殖民化的历程，也说明非洲民族独立运动的发展具有迟缓性和不彻底性的特点。因此，西方殖民主义给独立后的非洲国家带来的历史遗留问题与亚洲、拉丁美洲相比较更多，也更加严重。

西方殖民主义对非洲的侵略和掠夺所产生的严重后果是客观存在的，它们绝不是随着非洲国家的独立而自行消失，还会长期地起作用，影响非洲国家的政局稳定、经济和社会的发展。

殖民地时期形成的非洲国家的边界成为当今非洲国家不断发生民族纠纷和边界冲突的祸根，也是阻碍非洲国家经济发展的重要因素。非洲大陆所有国家的边界问题具有一个明显的特点：在近代遭受殖民侵略和统治前，非洲从来不存在严格的边界概念。出现过的一些古代国家也没有专门划定属于自己国家权限的地区界限。其原因，正如著名的埃及学者加利所指出的，“第一，非洲地广人稀。因此，为占领土地而进行的争斗从未达到像欧洲或亚洲人烟相对稠密的某些国家那样激烈的程度。第二，非洲人民主要是游牧民族，部落经常迁移，到处寻找水源和牧场，这就使得任何边界概念反而显得多余了。第三，地形测量的资料不足，同时也极为复杂，使得边界难划定，甚至不能划定”。

非洲国家现在的边界概念完全是殖民主义带来的，而且是在非洲人无权的情况下，大体上是在帝国主义疯狂瓜分时期形成的。帝国主义列强从各自的利益出发，凭实力，同时又根据自己统治的需要划定殖民地的边界。例如英国、法国为了瓜分西非地区，于 1898 年在巴黎签署了协定，规定以尼日尔河的东西作为法、英各自占领土地的边界，即后来的法属西非殖民地和英属西非殖民地的边界。法属西非殖民地面积十分辽阔，达到 470 万平方千米，相当于法国本土面积的八倍多。为了便于统治，法国任意地将其分割成八块殖民地。再如，莫桑比克、马拉维和津巴布韦的边界也是英国与葡萄牙在 1891 年通过协议强行划定的。

如此划分边界造成的危害表现在以下三个方面：

一是传统的民族聚居区遭到割裂，人为地制造许多少数民族，使得民族数量非常多，导致民族纠纷的长期存在。同一个民族被分割在若干个国家和地区。例如，巴刚果族被分割在安哥拉、刚果（金）、刚果和加蓬四国。西非著名的富尔贝族甚至被分割在七块殖民地里。还有的原是一个国家里的不同民族，又被分割在许多国家和地区。再有的是原来拥有不同文化、语言和传统的民族被强行划入同一个国家，像西非地区部分的豪萨族人、约鲁巴族人和伊博族人被强行划入尼日利亚境内。诸如此类不一而足。非洲各殖民地境内存在着数量众多的少数民族。非洲殖民地独立后，这种情况就延续下来，很多国家都有上百，甚至数百个民族，像坦桑尼亚有约 120 个民族，尼日利亚有约 250 个民族，甚至国土只有 47.5 万平方千米的喀麦隆也有 100 多个民族。这种情况，不但严重地破坏了民族的团结，也不利于早已存在的民族内部和各族之间的经济和文化的联系和交流。

二是边界划分的不合理，自然会引起非洲独立国家之间的争端。这些争端发展为武装冲突，成为当前困扰非洲的一个重大问题。1958 年 12 月，在加纳首都阿克拉举办的第一届全非人民大会上，来自数十个独立国家和殖民地的民间组织通过的多项决议中，有的在严厉谴责殖民主义、帝国主义时指出："帝国主义列强为分裂非洲人民而划分的人为边界，特别是那些割裂种族集团和分离同血统人民的边界"，"呼吁早日废除或调整这类边界"。但边界的更改或调整不是容易的事情，因为涉及相关国家的利益，必然会引起争端和冲突，甚至是战争。所以在 1963 年 5 月非洲统一组织制定《非洲统一组织宪章》时明确规定各成员国"尊重各个成员国的主权与领土完整和独立生存的不可剥夺的权利"。由于该问题的突出和严重，非洲统一组织在 1964 年 7 月举行的首脑会议上，特别制定和通过了"关于非洲边界不得改变的决议"，"郑重宣布所有成员国保证尊重它们取得民族独立时存在的边界"。尽管如此，有关领土的争端和冲突还是在许多国家之间发生了。这些争端和冲突不少继续发展成为大规模的边界战争，造成双方人员、财力和物力的重大损失。比如，厄立特里亚在 1993 年 4 月宣布独立后，同埃塞俄比亚不断发生争吵。后因过去意大利殖民主义者划分边界的不合理，两国于 1998 年酿成边界冲突，并很快发展成为大规模的边界战争，双方都动用坦克、飞机、导弹，致使死伤高达数万人，许多城镇被夷为平地，120 多万老百姓流离失所，财产损失难以计数。有的学者在评述这场厄埃之战时说，这是 20 世纪末发生在非洲大陆上最惨烈的战争。

三是人为地、主观地划分边界，使得非洲独立国家的数量众多，面积大小各不相等，自然资源和经济潜力也不均等。经分割后，有些国家辽阔（如苏丹有 250 万平方千米、阿尔及利亚有 238 万平方千米），有些国家面积狭小（如塞舌尔有 455 平方千米、吉布提有 2.3 万平方千米），但大多数国家都是小面积或中等面积的国家；有些国家有着漫长的海岸线（如南非有 2 954 千米、莫桑比克有 2 470 千米），有些国家却是内陆国（如马里、布基纳法索、尼日尔、乍得、中非、乌干达、马拉维、赞比亚、津巴布韦、博茨瓦纳、莱索托、卢旺达、布隆迪、斯威士兰）；有些国家有着丰富的自然资源（如尼日利亚），有些国家则缺少资源（如科摩罗、佛得角）；有些国家的邻国较少（如冈比亚、莱索托），有些国家的邻国较多（如苏丹）。那些面积狭小、缺少出海口、自然资源贫乏、便于邻国干预的非洲独立国家，在发展民族经济、加强多民族国家凝聚力的过程中所遇到的困难更是显而易见的。

案例评析：

当今，非洲国家的落后和贫困是多方面原因造成的，但过去殖民宗主国的统治和掠夺带来的严重的历史遗留问题所产生的深刻影响是不可低估的。其主要表现在非洲国家至今存在的不合理的国际边界、承袭殖民时期的缺乏内部凝聚力的行政管理组织和立法制度、严重畸形的单一经济结构、城市与乡村间的巨大差别、教育制度的落后等。这些都是阻碍非洲国家政局稳定、经济和社会发展的因素。

（节选改编自陆庭恩的《非洲国家的殖民主义历史遗留》）

思政案例二

思政元素：

2017年4月25日，中共中央政治局就维护国家金融安全进行第四十次集体学习。习近平总书记在主持学习时发表重要讲话，就维护金融安全提出6项任务。习近平总书记强调，维护金融安全，是关系我国经济社会发展全局的一件带有战略性、根本性的大事。

案例内容：

以1982年8月墨西哥宣布无力偿还外债为标志，拉美债务危机爆发，随后巴西、委内瑞拉、阿根廷、秘鲁和智利等国也相继发生还债困难。债务危机使拉美经济陷入“失去的十年”和“中等收入陷阱”。

原油涨价背景下，石油输出国美元收入充足，美联储维持低利率，共同提供了宽松的外部借债环境。一方面，20世纪70年代两次石油危机导致原油价格大涨，石油输出国获得了巨额美元收入，资产增值保值需求强烈，国际市场美元供给充足。另一方面，20世纪70年代美联储货币政策整体宽松。除石油危机期间，美国联邦基金利率维持在较低水平，1970年全年平均利率为7.2%，1975年回落至5.8%。低利率环境降低了拉美国家的借贷成本。伴随全球金融一体化进程，欧美商业银行加大了对拉美国家的信贷投放。

拉美国家经济扩张激进，盲目举债，但外债使用效率低下。一方面，墨西哥、阿根廷、巴西等主要拉美国家在20世纪30—80年代相继实施“进口替代”战略，急于实现现代化，实行“高目标、高投资、高速度”的方针。庞大的经济发展战略需要大量的资金投入，但其国内储蓄率和投资率普遍较低，本国资金匮乏，只能依靠国际资本，大举外债。另一方面，它们对外债缺乏良好的规划管理，使用效率低下。大量外债被用于投资项目周期长、效率低、流动性和变现能力差的大型公用事业，并且部分被用于非生产性支出（如弥补国有企业亏损、购置军火等）。

财政政策和货币政策失误，导致拉美国家的经济陷入严重通货膨胀和衰退，进一步刺激了其举债。为推进“进口替代”战略实施，刺激经济快速发展，危机前拉美主要国家长期实行赤字财政和扩张性货币政策，从而成为世界通货膨胀最严重的地区。1976年，阿根廷的GDP平减指数增速达到438%。严重的通货膨胀、经济衰退叠加政局的不稳定，刺激拉美国家部分企业和私人的资金外流，资金越发短缺，进一步强化了拉美国家举借外债的动机。

外债规模持续扩大，短债占比快速攀升，拉高债务风险。从总量来看，20世纪70年代，拉美各国外债规模急剧膨胀，外债余额占GDP的比例持续爬升。1970年，墨西哥、阿根廷和巴西三国的平均外债余额为63亿美元，而1980年平均外债余额已猛增至523亿美元。从结构来看，危机爆发前，拉美国家短期外债占整体外债比重快速攀升。1977—1980年，墨西哥、阿根廷和巴西三国平均短期外债占整体外债的比重由18%迅速上升至28%。债务结构的不合理进一步加重了拉美国家的债务负担，拉高了债务风险。

导火索：美联储加息，拉美贸易环境恶化

美联储加息，国际金融市场利率攀升，拉美外债负担加重。20世纪80年代初，美联储为应对滞胀困境，吸引国际资本回流，自1980年8月起连续加息，联邦基金利率从1980年年初的15%提高到1980年年末的22%。由于拉美国家举借的外债多为浮动利率，因而其国际借贷成本骤升，债务负担加剧，点燃了债务危机的导火索。国际贸易环境恶化，导致其出口贸易受到沉重打击。为应对第二次石油危机冲击带来的周期性衰退，20世纪70年代末，美国及欧洲各国加强贸易保护主义，采取提高关税、设置进口限额等各种非关税壁垒的手段，向发展中国家转嫁危机，造成拉美国家巨大的贸易逆差，沉重打击了以出口贸易为主要外汇收入来源的拉美国家。1982年8月，墨西哥宣布无限期关闭全部汇兑市场，暂停偿付外债，拉开了危机序幕。随后，巴西、委内瑞拉、阿根廷等国也相继发生还债困难，债务危机全面爆发。

传导：偿债能力下降，资本加速流出，货币大幅贬值

美元升值，全球大宗商品价格下跌，拉美国家出口减少，利息负担上升，偿债能力大幅下滑。从收入来看，美联储加息引发美元持续升值，以美元计价的全球大宗商品价格下跌，1980—1982 年，期货价格指数（CRB）跌幅超过 30%。拉美国家出口收入锐减，偿债基础被破坏。从支出来看，国际金融市场借贷利率的上升使拉美国家借贷成本攀升，利息支出快速增加。双重压力下，拉美国家偿债能力大幅下滑，以墨西哥、阿根廷和巴西三国为例，1980—1982 年，三国债务清偿额占出口收入的比重均值由 50%上升至 62%。国际资金加速流出，加剧了拉美地区的资金短缺局面。在美国的高利率政策下，国际金融市场利率攀升，诱发大量国际资金从拉美地区流出，加重了拉美地区资金短缺的问题。1980—1982 年，墨西哥、阿根廷、巴西三国外汇储备均值由 68 亿美元大幅下滑至 34 亿美元。货币危机爆发，拉美国家货币大幅贬值。国际收支状况日益恶化，资本外流加剧，拉美国家货币被迫贬值。危机爆发后，拉美国家的汇率制度普遍从固定汇率制度转向爬行钉住汇率，大幅下调原先普遍高估的汇率。以墨西哥为例，1980 年美元兑墨西哥比索的汇率为 0. 022 8，1990 年已超过 2. 7。货币的贬值大大加重了拉美国家的偿债负担，使拉美国家的经济雪上加霜。

影响：低增长、高通货膨胀、高失业，政治、经济、社会动荡

债务危机对拉美国家的经济发展造成了剧烈冲击。第一，经济增长率大幅下降。债务危机后，墨西哥、智利、巴西、委内瑞拉等七个主要拉美国家的经济一度陷入负增长。第二，通货膨胀率持续攀高。拉美地区的通货膨胀率居高不下。1990 年，阿根廷和巴西的 CPI 增速甚至超过 2 000%。第三，失业率大幅升高，实际工资水平普遍下降。随着失业率的升高和实际工资水平的下降，人民生活水平降低，社会分配不均的状况也越发突出。第四，经济动荡引发尖锐的社会矛盾。1983 年以来，智利、巴西等拉美国家都曾发生人民抗议物价上涨、抗议失业的游行示威和罢工。债务危机也对欧美地区的商业银行造成了沉痛的打击。欧美地区的商业银行坚信国家不会破产，向拉美国家提供了大量贷款。债务危机爆发后，欧美地区的商业银行出现了大量无法回收的债务，损失惨重。随着拉美债务危机的久拖不决，这些商业银行也陷入了危机。不过，由于拉美地区经济落后，并且危机爆发后主要发达国家立即采取了应对措施，所以，危机的对外传导相对有限，主要集中于商业银行领域。

应对：从紧缩性调整逐步转向修复偿债能力

拉美债务危机的应对思路由危机初期的紧缩调整逐步转向偿债能力修复，但多个方案均未彻底摆脱牺牲债务国经济换取危机解决的固有思路，危机久拖不决，经济改革迟缓，拉美陷入“失去的十年”和“中等收入陷阱”。拉美国家应对债务危机经历了以下两个阶段：

第一个阶段：紧缩性调整，以牺牲国内经济为代价恢复外部平衡。从1982年起，在IMF的监督下，拉美债务国实施以紧缩为特征的应急性经济调整，采取压缩进口、货币贬值等措施，筹集资金偿还债务。这一阶段的政策着力点在于到期债务的清偿，在一定程度上缓解了短期债务压力，但付出了国内经济停滞和社会动荡的巨大代价。

第二个阶段：重心逐步转向经济发展，通过修复偿债能力缓解危机。紧缩性调整计划失败后，国际社会意识到，解决债务危机的着眼点不在于现有债务的清偿，而在于偿债能力的修复，解决危机的处方不应是紧缩性调整，而应是经济的持续发展和结构性改革。基于此，从1984年起，美国先后提出贝克计划、布雷迪计划等，通过提供优惠贷款、债务转换、债务资本化等措施缓解债务压力，同时要求债务国实施结构性经济改革。这些方案在一定程度上缓解了债务危机的消极影响，但由于减债程度有限、资金来源不明确，同时仍未彻底摆脱牺牲债务国经济换取危机解决的固有思路，所以均未起到根治效果。

案例评析：

拉美国家的大量外债的供给方主要是欧美地区的大银行，它们对拉美国家提供的贷款额非常高。整个20世纪80年代，拉美国家与债权国的银行和巴黎俱乐部的成员都在反复地进行减债谈判，但结果只是将拉美国家到期的债务延期，不仅没有减少债务余额，反而增加了。

（节选改编自任泽平等的《20世纪80年代拉美债务危机是如何发生的》）

第十四章　战后国家经济格局的演变

思政案例一

思政元素：

2018年10月16日，习近平总书记在人民大会堂会见英国四十八家集团俱乐部主席佩里时，表示："在当前世界形势下，中国也更加坚定支持贸易自由化，支持经济全球化。我们提倡在国际事务中要增进交流、合作、理解、互信，避免猜忌、偏见、误解。中国不会走国强必霸的道路。"

案例内容：

纵观历史，美国曾经掀起过多场贸易战，可谓"历史悠久，经验丰富"，而贸易战的对象几乎覆盖了其所有的重要贸易伙伴。那些贸易战声势浩大，美国或许从中尝到过甜头，但贸易战从来不是解决问题的正确途径，也对世界经济发展造成了很大的负面影响。

美日贸易战再现"珍珠港"

虽然现在美国和日本是贸易上的好伙伴，但它们在20世纪70—90年代也曾发生多次贸易战，至今仍给日本人留下了心理阴影。二战后，美苏争霸格局呈现。日本作为制衡苏联的"盟国"得到了美国大量的政策照顾，实现了经济20多年的高速发展。但日本某些经济指标的迅猛增长令美国国内一些行业感到不安。在20世纪70年代，日本与美国在部分领域产生了多次贸易摩擦。第一次是因为日本纺织品的市场占有额逐步提高，对美国纺织品制造业形成威胁。1971年，美国强迫日本接受了他们提出的"日美纺织品协定"，日本自愿单方面实施限制日本纺织品出口美国的数量和种类。第二次是 1974 年美国要求日本自愿限制对美钢铁出口量。1976 年，日本再次被迫和美国签订特殊钢进口配额限制协定。最为激烈的贸易摩擦发生在汽车行业。20 世纪 70 年代，“日本制造”风靡全球，尤其是日本汽车在美国市场的份额一度超过 20%，成为美国最大的汽车进口来源国，而美国车几乎没有出现在日本市场上。1980 年，美国从日本进口的汽车占汽车总进口的 80%，达到 192 万辆。为了应对来自日本的竞争，美国不得不为国内汽车行业提供 10 亿美元的补助。因此，美国强迫日本完全开放其汽车市场，日系汽车制造商在美国建厂以及自愿限制对美出口汽车数量上限。

随着苏联经济在 20 世纪 80 年代的崩溃，日本对抗苏联的“桥头堡”作用大幅减弱，反而其强大的经济规模及较快的经济增速给美国带来了空前的压力，加上日本大规模的贸易顺差与强大的出口竞争力压制了美国收窄贸易逆差和提升出口的空间。20 世纪 80 年代初期，美国对日本的商品贸易赤字飙升至 500 亿美元，美日贸易逆差占美国贸易整体逆差的 30%~40%。20 世纪 80 到 90 年代，美国也曾以“301 条款”为武器，不断要求日本改善贸易结构。美国与日本的全面贸易战已不可避免。当时的美国里根政府为了遏制通货膨胀，实行高利率和紧缩的货币政策，因此推高了汇率，造成美元在 1980—1985 年上升了 60%，加剧了贸易逆差。1982—1984 年，由于汽车产量减少，美国汽车制造业减少了 6 万个工作岗位，这是里根总统任期中美国失业率最高的时期。

1985 年，为了减少美国对日本的贸易逆差，美国要求日本签订“广场协议”，同意日元兑美元升值，整个美日贸易战达到高潮。1985—1995 年为美日贸易大战高潮，被称为“20 世纪 80 年代的珍珠港事件”。“广场协议”签订不久之后，大批热钱流入日本，日本国内资产价格飙升，出现泡沫经济并最终破灭，日本陷入了长达十余年的经济停滞，陷入“失去的 10 年”。然而，在启动对日贸易战后，美日贸易逆差并未得到改变，1987 年美日逆差曾达到 567 亿美元高峰，这段时间内逆差水平基本上在 400 亿美元之上。到 1989 年，美国总计已向日本发起 24 例“301 调查”。正如《日本经济新闻》所总结的，在所有情况下，都以日本屈服的形式解决，从而向美国提供了“只要以 301 条款加以威胁，就会管用”的惯例。

1992 年，日本再次被迫将对美国汽车出口上限从 230 万辆下调到 165 万辆。1995 年，美国根据《1974 年贸易法案》对日本汽车征收额外关税。美国还对日本彩电、半导体、电脑、电话等电子产品展开贸易战。在 1995 年世界贸易组织（WTO）成立前夕，美国再次启动“超级 301 条款”，对进入美国的日本产品征收惩罚性关税。1995 年，上台伊始的美国总统克林顿一心要打开日本市场，其贸易谈判代表坎特单方面宣布，根据“301 条款”，对来自日本的豪华轿车征收 100%的关税。直到 20 世纪 90 年代中期，美国贸易逆差的 GDP 占比开始下降，日美贸易关系才有所改善。2000 年以后，大部分贸易摩擦都在 WTO 的框架下得到解决。

美欧多次较量

美欧之间的贸易战，比美日贸易战次数更多，涉及的行业范围更广。美国多次动用“301”大棒，至今让欧洲人耿耿于怀。欧洲企业也因此患上“恐美症”，一听到美国要进行“贸易战”，就会忧心忡忡。二战后，美国实施了帮助欧洲经济重建的马歇尔计划。全球经济重建以及战后贸易、金融体系的新建使得西方资本主义经济迎来了黄金发展期，欧洲各国开始恢复元气，实力得到进一步增强。这也为美欧贸易战埋下了伏笔。

1962 年，美国与欧洲爆发“鸡肉大战”。当时，鸡肉大量从美国出口至欧洲，西欧各国瞄准美国农业中的冷冻鸡肉产品，施加关税壁垒，美国向 WTO 的前身——关税与贸易总协定（GATT）起诉。但为了缩短“战线”，美国国会通过了《1962 年贸易扩展法》直接授权总统对贸易保护做法进行还击，时任美国总统肯尼迪对从欧洲进口的土豆和卡车等商品征收报复性关税以示报复。美国甚至威胁称，减少在欧洲的驻军数量。这场贸易战最终以美国妥协结束。欧洲表面上赢了，但是欧洲的消费者再也吃不到便宜的鸡肉了。而美国输得更大，在美国对欧洲汽车征收高关税的时候，美国的汽车免遭来自外界车企的竞争，并丧失了快速实现现代化转型的机会，出现了数十年的下坡路。

20 世纪 70 年代，由于贸易赤字不断扩大，美国方面开始怪罪外国的“贸易不公平措施”，“301 条款”被写进《1974 年贸易法》。相关条款授权美国贸易代表对他国的“不合理或不公正贸易做法”发起调查，并可在调查结束后建议总统实施单边制裁。该条款具有浓厚的单边主义色彩，一直遭到其他国家反对。

在 20 世纪七八十年代双方贸易战期间，美欧贸易状况均有所好转。其中，美国贸易逆差有所收窄，英国贸易顺差有明显回升。当时正处在产业升级的背景下，航空航天、计算机、信息等行业尚未发展壮大，钢铁、机械、汽车、化工等产业仍为欧美等发达国家的支柱产业。欧美在该阶段爆发的贸易战主要集中在农产品与钢铁领域。在钢铁领域，美国钢铁公司、伯利恒钢铁公司等七家钢铁企业以联邦德国等西欧十一国钢铁公司接受政府补贴，并以低于成本的价格向美国倾销钢材为由，在1982年1月中上旬向美国商务部和国际贸易委员会提交了针对西欧十一国钢铁公司的“反倾销”与“反补贴”的诉讼。之后美欧在钢铁领域的贸易战显著升级。伴随着双方互相的指责，美欧在农产品与钢铁领域的贸易战也一直在延续，贸易战战场也从欧洲共同体（简称“欧共体”）扩张至中东、印度等第三方进口市场。直至资本主义世界逐渐走出经济危机，全球市场开始恢复一定的扩张速度，双方的农产品贸易战才逐渐降温。尽管贸易战期间美欧均获得了较大规模的贸易顺差，但作为代价，财政赤字也有明显上升。

欧洲是美国“301调查”拉锯时间最长的对象。1985年，欧共体以食品安全为由，宣布禁止进口和销售美国含激素牛肉。1987年，美国对欧共体发起“301调查”；1989年，美国实施报复性关税惩罚。在美欧贸易争端中，“香蕉战”颇具代表性。1999年3月，美国宣布单方面对来自欧盟的价值5.2亿美元的产品征收100%的惩罚性关税，以报复欧盟通过许可证和配额制度限制香蕉进口，对美国相关行业造成损害。欧盟则向WTO要求对美国“301条款”的合法性进行审议。同年4月，WTO认定欧盟修改其香蕉进口与销售机制，美国可以对欧盟的产品进行制裁，金额为1.914亿美元。WTO对“香蕉战”的裁定结果是：“301条款”很难说违反协定。这个裁定带有政治色彩，纵容了美国的霸权，留下了隐患。

21世纪初，全球钢铁产能过剩，美国钢铁行业游说政府进行保护，限制从七国进口钢铁产品。最终，美国认为这些国家出口钢铁违反《1974年贸易法》的“201条款”。当时的美国政府决定自2002年3月开始对大多数种类钢材征收最高30%的关税，为期3年。此次贸易战，除了关税外，进口配额、进口许可证等也出现在美国的贸易限制措施中。不过，美国的行为遭到各国反制。作为报复，欧盟随即决定对进口钢材征收最高达26%的关税，同时进行进口配额制度。2003年，美国政府宣布取消上述保护性关税，此轮贸易战才画上句号。

美曾五次对中国动用“301条款”

历史上，美国曾5次对中国动用“301条款”，其中1991年4月、1994年6月以及1996年4月先后3次对中国知识产权实施“301调查”，最终通过谈判分别达成3个知识产权协议。从历史结果看，最终双方均达成妥协，并未演化成全面贸易战。“301条款”更多的是美国获取谈判优势的手段。1991年10月，美国对中国发起市场准入的“301调查”，主要针对中国对美国商品进入中国市场设置“不公平”壁垒问题。双方在1992年通过谈判达成协议。2010年，美国针对中国清洁能源政策措施启动“301调查”。双方最终通过谈判达成一致。

自美国于2017年8月末宣布针对中国展开“301调查”以来，不少美国媒体、专家、机构直言不讳地批评特朗普政府滥用“301调查”。彼得森国际经济研究所学者查德·鲍恩撰文称，在“301调查”中，美国政府“身兼数职”，充当警察、检察官、陪审团和法官多种角色。德国新闻电视台称，美国政府正在制定新贸易战略，但实质是“301条款”将大行其道。

国际三大评级机构之一的惠誉发表观点认为，美国对中国商品加关税的行动，不太可能对中国或全球经济产生重大影响。中国能够解决与美国的关税问题，但贸易风险将增加。由于缺乏替代品，这些货物最终还是会去美国，而其他商品可能会转移到不同的市场。中美贸易不平衡只是美国此次贸易战诉求的借口和初步目标，而遏制中国赶超的“超限战”，则是更为重要的动因。由于中美贸易战尚没有过全面升级的状况，中国在应对跨领域多维度的贸易战上也许相对缺乏经验。不过中国的态度很鲜明，就是不惹事，也不怕事。

2018年3月，美国官员又在世界贸易组织货物贸易理事会对中国决定停止接收“洋垃圾”表示关切，并称：中国限制进口可再利用商品严重干扰了全球废旧物资供应链；中国似乎正在违反WTO义务，区别对待国内和国外垃圾产业并采取过度贸易限制政策。2018年3月26日，中国外交部发言人华春莹做出回应：美国官员指责中国不接受洋垃圾“于情不合、于理不通、于法无据”。华春莹说：“这名美方官员将中方正当合法举动上纲上线，说中方‘似乎’正在违反世贸组织义务，这是非常虚伪的。难道美方对华限制高技术、高附加值产品的出口就是正当的，而中国依法限制‘洋垃圾’进口就是违法的吗?”

案例评析：

美国发动贸易战凸显其霸权主义本质，损害的是世界经济的发展。在经济全球化的今天，国际产业分工你中有我、我中有你，只有全球化的供应链才能让企业实现利益最大化。以世界贸易组织为核心的多边贸易体制，是当今国际经贸秩序的基石。各成员尤其是主要经济体，都应尊重、维护其权威和效力。作为世界头号经济体和世界贸易规则的主要设计者，美国为一己之私随意破坏规则、四面树敌。

（节选改编自刘朝晖的《浑身贸易霸权主义的美国怪兽》）

思政案例二

思政元素：

马克思在论述荷兰的殖民政策时曾尖锐指出："荷兰——它是17世纪标准的资本主义国家——经营殖民地的历史，'展示出一幅背信弃义、贿赂、残杀和卑鄙行为的绝妙图画'。"

案例内容：

19世纪中叶，欧洲工业革命的效果日益明显，火车、轮船等交通运输工具的便利加上"不断扩大产品销路的需要"这样一种资本冲动，驱使资产阶级奔走于全球各地。它必须到处落户，到处开发，到处建立联系，用尽一切手段扩大殖民地，开拓世界市场，从而"使一切国家的生产和消费都成为世界性的了"。"过去那种地方的和民族的自给自足和闭关自守状态，被各民族的各方面的互相往来和各方面的互相依赖代替了"，"它迫使一切民族——如果它们不想灭亡的话——采用资产阶级的生产方式"，"它按照自己的面貌为自己创造出一个世界"，"正像它使农村从属于城市一样，它使未开化和半开化的国家从属于文明的国家，使农民的民族从属于资产阶级的民族，使东方从属于西方"。

资本主义一出世就把世界当成舞台，以资本积累为特征的世界经济体系逐步形成。欧洲殖民主义者把那些资源丰富、居于特殊地理位置的国家（地区）纳入其势力范围，"非工业国家由于世界交往而被卷入普遍竞争的斗争中"。世界因此而被划分为宗主国（"世界城市"）和殖民地（"世界农村"），这就是今天南北问题的起源。尽管马克思主义创始人并没有使用"全球化"这样的字眼，但他们已经洞见资本扩张是可以超越任何民族、地域和制度限制的。两次世界大战以后，民族解放运动摧毁了罪恶的殖民体系，一大批民族主义国家宣告独立，成为不发达或发展中的国家，同时新的殖民主义也出现了，"西方资本主义对于现在不发达国家的入侵，以不可抗拒的力量使某些作为发展资本主义制度的前提条件加速成熟，又以同样的力量阻碍了其他一些方面的发展。把这些受害国家以前积累的和现时产生的剩余的一大部分掠走，不可能不对这些国家的资本积累造成严重阻碍。把这些国家置于毁灭性的外来竞争中，不可能不窒息它们的幼稚工业。虽然商品流通的扩展，大批农民和手工业者的贫困化，与西方技术的接触，为它们的资本主义发展提供了强有力的推动力。但这种发展极大地偏离了正常的轨道，被扭曲和削弱，以适应西方帝国主义的目的”。大多数前殖民地国家在这个国际分工体系中只能沦为单一的初级产品供应地，这些国家的发展进程受到了遏制。

针对这种情况，一些经济学家提出所谓“中心-外围”理论。在他们看来，不平衡发展是资本扩张的伴随现象，中心的工业国建立了为它们的利益服务的世界经济体系，而提供原料市场的国家则形成一个广大的、参差不齐的边缘（外围）。资本通过对外围国家各种资源的掠夺性开发和不平等交易获得了丰厚的利润，中心和外围之间的资本流动和国际贸易严重分化与不均衡，中心和外围地位的不平等正是中心国家之发达与外围国家之不发达的要害。“在这个体系中，一切社会形态（中心与外围都一样）都按照一种单一的、有组织的、有等级层次的体系来安排。”这种理论对外围国家的发展前景总体上持悲观态度，他们认为，只要世界经济结构不改变，中心和外围之间的关系就不会变化，发达和不发达的分野将继续下去，外围国家（地区）的发展也只能是依附性的发展。跨国公司的兴起加速了世界经济的发展，国际分工出现了一些新因素，中心和外围的边界也变得比较模糊了。20 世纪六七十年代，对马克思世界历史学说进行重新阐释的“世界体系”论应运而生，这个理论所理解的世界体系除了中心和边缘（外围），还有半边缘：中心是占据经济优势的西方国家，且这种优势还在扩大；边缘则被限定于提供初级产品的国家，它们不具备工业化的潜力，也没有这方面的动力；而半边缘“既不像核心国家那样先进或富有，也不像边缘国家那样缺乏独立而注定要依赖他国。它作为其余两种类型国家之间的一种必需的缓冲器，分解了对核心资本长期统治的潜在的反对力量”。半边缘概念是世界体系中的一个要素，资本特别感兴趣的也正是这些地方。资本的逻辑必然使财富积累于某一类国家，而贫困积累于另一类国家；整个世界体系都受到这个资本积累规律的支配，并通过国际分工和不等价交换体系，促使剩余向中心转移。这种不平等的经济关系既是发展中国家落后的根本原因，也是当代资本主义积累的重要手段。世界体系论运用马克思主义方法研究发达与不发达的结构性问题，引起了世人的重视。

战后许多学者讨论发展问题的共同结论是，资本主义世界体系存在着各种不平等关系，结构上呈二元或三元，而中心（发达国家）和外围（发展中国家）的关系是这个世界体系的基本矛盾；当然，各国地位并非一成不变，有“升”，也可以有“降”。重要的是，世界体系也酝酿了世界范围的社会主义因素，“在资本主义已经具有全球性质并在全世界规模上组织生产关系的情况下，社会主义只能在世界范围出现”。但究竟是什么样的社会主义，人们并没有形成统一的认识，也不认为一些国家实行的制度就是它们所标榜的社会主义。无论如何，作为一种追求社会公正和进步的理想，社会主义鼓舞着一代又一代人致力于改变现状的努力。

冷战结束，新技术革命风起云涌，一些原来实行计划经济体制的国家纷纷转向市场经济模式，特别是在跨国公司的推动下，世界各国的经济交往空前增加了。20 世纪最后 10 年，经济全球化已成为人们的口头禅，但这种全球化在提升全球经济效益的同时，又导致许多新的不平衡和分化的出现。正如时任联合国秘书长安南在 2000 年 4 月 3 日发表的《我们：联合国人民》中所说：“第一，全球化的好处和机会仍然高度集中于少数国家，在这些国家内的分布也不平衡。第二，最近几十年出现了一种不平衡现象：成功地制定了促进全球市场扩展的有力规则并予以良好实施，同样正确的社会目标，无论是劳工标准，还是环境、人权或者减少贫穷的支持却落在后面。更广义地说，全球化对许多人已经意味着更容易受到不熟悉和无法预测的力量的伤害，这些力量有时以迅雷不及掩耳的速度造成经济不稳和社会失调。”其中最突出的就是伴随着经济全球化，南北之间的贫富差距进一步扩大了。

在经济全球化过程中，资本获得了更广阔的市场和释放外部性成本的巨大空间，资本的全球化带动了产业的全球化、贸易的全球化。一方面，资本力求摧毁交往即交换的一切地方限制，夺得整个地球作为它的市场；另一方面，它又力求用时间去消灭空间，就是说，把商品从一个地方转移到另一个地方所花费的时间缩减到最低限度。资本越发展，资本借以流通的市场、构成资本空间流通道路的市场越扩大，资本同时也就越是力求在空间上更加扩大市场，力求用时间去更多地消灭空间。世界经济的发展态势仍然在印证马克思关于资本运动规律的看法，尽管今天的经济全球化技术内涵更深刻，辐射范围（包括经济、社会和文化领域）更广泛，国际市场的联系更密切，尤其是科技创新、知识和技术产业的数字化和体制化，已成为新一轮全球经济增长的主引擎。

案例评析：

尽管南北差距问题在短期内不可能解决，但阻止它继续扩大应该成为国际社会的当务之急，而也只有公平公正的全球化，才能真正有利于全球经济的持续发展，真正造福于世界各国人民。

（节选改编自钱箭星和肖巍的《论经济全球化中的南北差距问题》）

第十五章 中国的改革开放和现代化建设

思政案例一

思政元素：

党的十九大报告首次提出“建设现代化经济体系”，指出这是跨越关口的迫切要求和我国发展的战略目标。

案例内容：

中国共产党领导社会主义经济现代化建设的思想理论继承自马克思主义政治经济学和马克思主义社会有机体理论，并在结合中国国情指导社会主义经济现代化建设的实践过程中不断丰富和创新。

一、对马克思主义政治经济学中关于现代化思想的继承与发展

经济现代化的概念在我国学术界并未形成统一认识，最初论及现代化时，基本上指的是“西化”。但历史事实证明，这种“西化”的观点既无法解释中国近现代以来的发展变化，也不能起到彻底改造社会的作用。随着马克思主义理论与革命实践经验传入中国，“中国先进分子就不再向西方资产阶级寻找理论武器，而是以马克思列宁主义宇宙观作为观察国家命运的工具了”。1921 年，以马克思主义理论为指导的中国共产党成立，自此拉开了中国共产党领导中国革命以及领导中国人民进行社会主义经济现代化建设的帷幕。马克思和恩格斯并没有明确使用过“现代化”一词，但是关于现代化的思想早在马克思主义唯物史观形成之初就已提出。马克思和恩格斯认为现代化作为一个特定时代的历史范畴并不适用于一切社会。他们将现代社会发展置于世界历史范畴中进行研究，用生产方式这一概念来阐明其社会发展理论，精辟地论述了现代化是生产力和生产关系在一定历史过程中相互作用的过程与结果。

马克思和恩格斯对现代化的研究，在宏观层面涵盖了现代社会发展的阶段性，在微观层面则将现代化阐释为一种发展战略，包含方法、手段、步骤、政策等一整套发展建构模式。创新是社会发展的价值引领和生产力发展的着力点。改革开放以来，我国社会主义经济现代化建设取得的成就正是不断进行理论创新和实践探索的结果。经济现代化建设的创新不仅仅包含技术层面的，更重要的是方法和思路上的创新。

中国共产党在领导社会主义经济现代化建设的实践探索中，立足本国实际，继承并发展了马克思主义政治经济学中关于社会发展的理论，通过把握生产力与生产关系的矛盾运动，认识到中国社会主义现代化建设所具有的阶段性，并准确把握其阶段性特征，进而不断完善社会主义市场经济体制的实现形式，以促进社会主义经济现代化建设水平的不断提升。在这个过程中，形成并完善了社会主义初级阶段理论、社会主义本质论、社会主义市场经济理论等。这些马克思主义中国化的创新性理论，一方面正确地指导了经济现代化建设的实践，另一方面在经济现代化建设的实践中继续不断发展完善。

二、对马克思主义社会有机体理论的运用与创新

社会主义经济现代化是复杂社会系统中的一个动态过程，中国共产党在领导社会主义经济现代化建设过程中，吸收并创新发展了马克思主义社会有机体理论，不仅为社会主义经济现代化建设夯实了物质基础，更为形成与现代化强国相匹配的社会结构提供了动力和理论指引。马克思和恩格斯关于社会有机体的研究并不是一般意义上的分析，而是从西欧社会扩展至全球，并放眼人类社会整体。马克思在揭示资本主义生产规律、阐释资本主义制度的局限性时指出，“现在的社会不是坚实的结晶体，而是一个能够变化并且经常处于变化过程中的机体”。社会不是由个人构成，而是表示这些个人彼此发生的那些联系和关系的总和。社会的诞生与发展是具有一般规律性的自然历史过程，是以物质生产实践为基础的各种社会因素和各个社会关系有机联系而又相互制约形成的社会关系整体。

在生产力与生产关系的互动中，一定的生产力总是会产生出相应的生产关系，而生产力与生产关系共同作为社会经济基础又会为自身构建符合其发展需要的社会上层建筑。马克思的社会有机体理论强调人是社会系统的中枢，因此重点关注的是“整体”和“实践”两方面的内容。一方面，社会有机体是一个内在地包含着社会矛盾的产生与解决的动态平衡状态与过程；

另一方面，它是稳定的自我调节的制度整体，内含着能动性。中国特色社会主义进入新时代，我国社会主要矛盾已经转化为人民日益增长的美好生活需要和不平衡不充分的发展之间的矛盾，这意味着中国特色社会主义经济现代化建设面对一系列新问题，要有新思路、新方法。

这就要求社会主义经济现代化建设必须在坚持中国共产党领导的前提之下，系统把握社会有机体的运行规律，用发展来解决现实中的不平衡不充分问题，通过自身的发展不断提高和完善现代化水平。

在当代中国进行社会主义经济现代化建设的实践中，我们需要规避对市场经济的认知局限，以辩证唯物主义和历史唯物主义的世界观和方法论为指导，系统全面地推进社会主义经济现代化建设。

三、新中国成立后到改革开放前的实践探索

在新中国成立之前，毛泽东就提出“中国落后的原因，主要是没有新式工业”，还曾对全体党员指出，“如果我们不能解决经济问题，如果我们不能建立新式工业，如果我们不能发展生产力，老百姓就不一定拥护我们”。新中国成立前夕，毛泽东就提出了“使中国稳步地由农业国转变为工业国”的目标。毛泽东的这些观点不仅有对当时苏联经济建设与发展经验的借鉴，还有对苏联在经济建设中存在的农业和工业发展问题的反思。1956年，毛泽东在中央政治局扩大会议上作了《论十大关系》报告，提出了在优先发展重工业的基础上，实行工业和农业同时并举、重工业和轻工业同时并举、中央工业和地方工业同时并举的方针。这个报告的总体精神就是要调动一切积极因素，尽快把中国建设成为伟大的社会主义国家。

新中国成立初期，中国共产党在列宁新经济政策的影响下进行经济现代化的探索。到第一个五年计划完成前，我国经济总量有了明显的提升。虽然1956年中国提前完成了第一个五年计划，正式开始了社会主义建设，但由于长期战争造成了经济发展的严重滞后，当时我国经济结构的现代化调整并不明显，除农林牧渔产业外，工业和其他产业的发展还比较缓慢。社会主义改造基本完成后，中国经济建设和发展的政策和实践层面都坚持以计划经济为主导，但也并不完全否定市场经济的模式。中国的社会主义经济改造和建设的实践取得了阶段性的成就：1956—1966年，工业在国民经济中的比重不断上升。同时期，党中央基于对我国经济发展形势的判断，初步提出“四个现代化”的战略构想，并做出了国民经济发展分两步走的战略部署。这一战略部署为新中国的经济现代化建设制定了战略目标，规划了实现路径。在新中国的国民经济恢复期，社会主义经济制度的探索对中国经济现代

化建设进程产生了重要影响。党中央在总结国内实践经验与借鉴外国经验的基础上对我国经济体制不断进行调整，采取了相对灵活的原则。毛泽东曾明确提出："可以搞国营，也可以搞私营。可以消灭了资本主义，又搞资本主义。"刘少奇也曾指出："我们应当改进现行的市场管理办法，取消过严过死的限制。"周恩来则在讲话中提及："一切东西都靠国家生产不行，各方面都应该有百分之几的自由活动，太死了不行。"这种从中国实际出发进行的政策性探索是我国进行社会主义经济现代化建设的重要制度基础，为中国特色社会主义理论体系的形成提供了宝贵经验。

四、改革开放至党的十八大前的实践突破

1978 年召开的党的十一届三中全会做出了实行改革开放的重大决策，把党和国家的工作重心转移到社会主义现代化建设上来。在实践层面，农村通过家庭联产承包责任制改革逐渐恢复了生产活力，城市逐步恢复了商品经济，市场缓慢复苏。在制度层面，从党的十二大到党的十四大，从顶层设计上逐步确立了社会主义市场经济体制。马克思曾经指出："如果我们把工资和剩余价值，必要劳动和剩余劳动的独特的资本主义性质去掉，那么，剩下的就不再是这几种形式，而只是它们的为一切社会生产方式所共有的基础。"因此，商品经济、市场经济本身并不具有生产关系属性，它们作为资源配置方式可以和不同的社会制度相结合。1992 年，邓小平在南方谈话中提出了，"社会主义的本质，是解放生产力，发展生产力，消灭剥削，消除两极分化，最终达到共同富裕"，并明确而系统地表达了他长期以来形成的对计划经济和市场经济的看法。在经济实践层面，党中央在全国建立经济特区，通过试点地区的不断探索，将先进经验由点到面迅速推广，形成了多层次逐步推进的改革开放格局。1992 年，党的十四大明确把建立社会主义市场经济体制作为我国经济体制的改革目标，自此，中国共产党领导的社会主义经济现代化建设迈上了新的台阶。20 世纪 90 年代，苏联解体使得世界两极格局彻底瓦解，国际形势发生了巨大变化。

国际形势的变化给中国的发展造成了深刻影响。虽然和平与发展的时代主题没有改变，但由于一些社会主义政党纷纷丢失政权，使得中国共产党面临严峻挑战。党的十五大以后，国内改革进入纵深阶段，中国共产党的自身建设和经济现代化建设均面临新问题。这些新问题客观上要求中国共产党思考和解决在经济现代化建设进程中如何处理好长期执政、改善民生与全面现代化的关系问题。面对这些新情况，党中央及时把握当时中国共产党和中国经济发展面临的关键问题，指明中国共产党始终代表中国先进生产力的发展要求，始终代表先进文化的前进方向，始终代表中国最广大人民的根本利益。第十个五年计划中明确指出，“进一步开放市场，建立和完善全国统一、公平竞争、规范有序的市场体系”。国际巨变并没能拖慢中国经济现代化建设的步伐，在中国共产党的坚强领导下，中国全面改革开放的经济现代化建设实践不断深化。进入21世纪，我国经济社会生活发生了翻天覆地的变化，在经济持续高速增长的同时，出现了新形势新问题。面对新形势新问题，党的十六届三中全会提出了科学发展观，党的十六届四中全会明确提出构建社会主义和谐社会的战略任务，党的十六届六中全会强调社会和谐是中国特色社会主义的本质属性。

在实践层面，在国有经济占主导地位的前提下，各种类型的非国有经济蓬勃发展起来。在政策层面，市场在资源配置中的基础性作用逐步得到确立。党的十七大以后，公有制经济在整个社会经济建设过程中继续发挥着引领作用，但随着社会主义市场经济体制的不断完善和发展，其他所有制经济在经济社会建设中的比重也在逐步增加，各类经济主体的市场潜能逐渐被激发出来，稀缺资源朝着有利于社会主义经济现代化的方向流动。由此，中国共产党领导的社会主义经济现代化建设的思想和理论在改革实践中进一步得到发展和完善。

五、党的十八大以来的实践创新

党的十八届三中全会指出，要紧紧围绕使市场在资源配置中起决定性作用深化经济体制改革。

党的十九大报告中做出了“中国特色社会主义进入新时代”的重大判断。与之相适应，我国经济由高速增长阶段转向高质量发展阶段。自此，中国共产党领导社会主义经济现代化建设踏上了新征程。党中央进一步提出“贯彻新发展理念，建设现代化经济体系”。新发展理念的指引下，传统的“三驾马车”正伴随着经济结构的优化升级，在拉动经济现代化建设发展方面焕发新的活力。新的发展动能不断培育壮大，创新成为驱动发展新引擎，这从我国近些年来发明专利申请授权数目变化中可见一斑。这些重大转变是新时代中国共产党领导社会主义经济现代化建设实践中具有里程碑意义的思想和理论创新。

案例评析：

尽管近代以来，中国经济发展跌宕起伏，但中国共产党领导中国人民选择了一个正确的方向，在社会主义经济现代化建设过程中不断完善顶层设计，凝练了一系列新思想、新理念、新制度，逐步形成了开放的中国特色社会主义经济理论体系。

（节选改编自潘妍妍的《中国共产党领导社会主义经济现代化建设的理论创新和实践经验》）

思政案例二

思政元素：

在深圳经济特区建立40周年庆祝大会上，习近平总书记发表重要讲话，深刻总结经济特区建立以来取得的显著成效和宝贵经验，并提到“必须坚持全方位对外开放，不断提高‘引进来’的吸引力和‘走出去’的竞争力”。

案例内容：

2018年的中央经济工作会议，把“推动全方位对外开放”作为2019年的七大重点工作任务之一，体现出我国在复杂多变的国际环境下，坚定不移深化对外开放的决心。推动全方位对外开放不仅着眼国内市场开放，也着眼通过共建“一带一路”推动世界更大范围的开放合作；不仅着眼传统的要素流动，也着眼规则标准的制度型开放；不仅着眼中美经贸摩擦等挑战，也着眼世贸组织改革等全球治理机制建设。

推动全方位对外开放重在实现规则等制度型开放，2018年的中央经济工作会议指出，“要适应新形势、把握新特点，推动由商品和要素流动型开放向规则等制度型开放转变”。观察世界开放型经济发展大势，由商品和要素流动性开放向规则等制度型开放，既是世界发达国家深化对外开放的基本路径，也是当代国际贸易深化发展的客观要求。中国加入世贸组织以来，积极履行加入世贸组织的各项承诺，大幅度下调关税，不断提高市场开放水平，已经基本实现商品、资本等要素的自由流动。然而，伴随着互联网等技术进步及世界各国开放合作的深化，包括中国在内的世界主要国家对外开放的环境出现较大改变，世界各国都在积极调整对外开放战略。新时代如何进一步深化对外开放的问题日益迫切。立足新时代，中国积极寻求更高水平的开放。未来，开放不仅是关税水平的进一步降低，更重要的是对接国际社会关于知识产权保护、环境保护、竞争中性等更高规则标准的开放，这必然构成了推动全方位对外开放的重点。

推动全方位对外开放重在保护外商在华合法权益。2018 年的中央经济工作会议指出，“要放宽市场准入，全面实施准入前国民待遇加负面清单管理制度，保护外商在华合法权益特别是知识产权，允许更多领域实行独资经营”。放宽市场准入及营造良好的营商环境是提升对外开放水平的重要手段，也是中国深化对外开放的重点内容。党的十八大以来，中国积极通过建设自贸试验区等探索准入前国民待遇加负面清单管理制度，不断探索对接国际高标准经贸规则；不断加强对外商投资企业的产权保护，强化对涉及外商投资规范性文件制定的约束，完善外商投资企业投诉维权机制。

推动全方位对外开放重在进出口平衡稳定增长。2018 年的中央经济工作会议指出，“要扩大进出口贸易，推动出口市场多元化，削减进口环节制度性成本”。出口和进口是贸易的两个轮子，重视出口与扩大进口是促进贸易增长并由此推动全球经贸增长的重要手段。在复杂的全球形势下，中国不仅积极通过推动出口市场多元化优化出口产品国际布局，而且通过大幅度降低进口关税等制度性成本扩大进口。首届中国国际进口博览会于 2018 年 11 月 5 日至 10 日在上海举行，这是一个“买全球、卖全球”的开放性平台，为全球增加对中国出口或者借此平台扩大进口提供新的机遇。中国扩大进口不仅为诸多商品提供推介的机遇，也为大量商品对接中国市场创造舞台，为拉动全球经济增长贡献力量。

推动全方位对外开放重在共建“一带一路”。2018 年的中央经济工作会议指出，“要推动共建‘一带一路’，发挥企业主体作用，有效管控各类风险。要精心办好第二届‘一带一路’国际合作高峰论坛”。党的十九大报告突出了“一带一路”在对外开放中的重要作用，提出“要以‘一带一路’建设为重点，坚持引进来和走出去并重，遵循共商共建共享原则，加强创新能力开放合作，形成陆海内外联动、东西双向互济的开放格局”。

推动全方位对外开放重在促进全球治理体系改革。2018 年的中央经济工作会议指出，“要推动构建人类命运共同体，积极参与世贸组织改革，促进贸易和投资自由化便利化”。全球多边贸易体制和区域投资贸易自由化是推动世界各国深化开放合作的两个轮子，也是世界主要国家对外开放的主要途径。世贸组织等国际经贸平台有效促进了近几十年来全球经济的较快发展和深度融合。尽管世贸组织面临着多重挑战，但如果没有出现比世贸组织更好的平台，那么世贸组织不仅不能可有可无，而且将在未来的发展进程中继续发挥重要的作用。在此背景下，中国应积极参与全球治理，为世贸组织改革提供合作共赢的中国方案，促进贸易投资自由化便利化，促进世界各国走开放融通、互利共赢之路，推动构建人类命运共同体。

推动全方位对外开放重在促进中美经贸关系稳定。2018 年的中央经济工作会议指出，“要落实阿根廷中美元首会晤共识，推进中美经贸磋商”。中美关系是最重要的双边关系，落实阿根廷中美元首会晤共识，推进中美经贸磋商，是应对中美经贸摩擦及促进中美经贸合作的关键。中美之间的分歧并非没有解决方案，中美作为全球两大经济体，双方经贸合作规模巨大，经贸联系非常紧密。中美与世界其他经济体也存在重要的联系，中美之间不仅有避免冷战的极端情形的谈判诉求，也有解决分歧的谈判空间。“和则两兴，斗则两败。”目前，中美双方正在稳步推进相关谈判工作，未来中美将加强双边的经贸磋商，为中美的开放乃至全球的发展创造稳定的环境。

案例评析：

经济全球化始终是不可阻挡的大趋势。面对单边主义、逆全球化的举动，中国能够做的就是“咬定青山”，持续深化改革、扩大开放，推动共建人类命运共同体，促进中国经济和世界经济继续保持稳定发展。

（节选改编自陈建奇和陈聪的《推动全方位对外开放的六大重点》）

第十六章　资本主义国家的改革和增长

思政案例一

思政元素：

习近平总书记深刻指出：“一个国家的发展道路合不合适，只有这个国家的人民才最有发言权。”新自由主义作为一种社会思潮，所主张的彻底私有化不适合中国国情。

案例内容：

当前，经济领域中以美国为代表的贸易保护主义的复兴是“逆全球化”的核心表现。众所周知，以贸易逆差问题掀起贸易战只是借口。在美国历史上，其与英国、德国、日本、苏联等国之间的贸易战无不以逆差问题开始，但没有任何一场是以美国的贸易“由逆转顺”而结束。一国的经常项目收支出现顺差还是逆差，受到供需、投资决策、人口等多方面因素的影响。贸易逆差问题并非当前美国经济问题的症结所在，美元的国际货币地位在某种意义上使逆差成为对美国来说合理甚至有益的存在，相反，同各国的贸易战反而会使逆差进一步扩大。

实际上，在2008年全球金融危机爆发之后，为加快本国经济复苏、降低失业率、刺激出口，美国等世界主要资本主义国家就已经开始采用绿色贸易壁垒、技术壁垒等各种隐蔽性强的非关税壁垒对本国贸易进行保护。美国当前经济问题的关键在于，在过去的20到40年里，在新自由主义经济政策下，美国的经济实际运行方式、无节制消费方式、低储蓄率等综合因素导致的结构性赤字引发全球化赢家与输家之间的分歧。当前，面对以中国为代表的新兴经济体的飞速成长，美国作为曾经的全球化的倡导和维护者，如今却反其道而行，高调拥护贸易保护主义，不惜抛弃其历经半个世纪，在所谓的“民主”“法治”“自由”等原则的基础上建立起的“自由主义国际秩序”，表面上看是为了平衡全球化带来的“负面影响”、平复反全球化者的情绪，实际上是其“伪善性”的表现。

美国始终是全球化的受益者，而贸易保护主义明显是一个武断的决策。贸易双方国家“你来我往”的报复性举措只会加剧当前世界范围内的大衰退形势，使世界经济陷入持续低迷而复苏乏力的境地。美国的单边主义行为是对国际规则的破坏，有可能造成全球经济治理体系的动荡乃至崩溃。此外，随着当前难民危机、全球恐怖主义袭击事件频发，美国霸权衰落以及后发国家崛起等，欧美国家掀起新一轮孤立主义浪潮，孤立主义的抬头是欧美国家经济受挫后试图退回保守主义的表现。

进入21世纪，全球化的推进日趋深入。随着全球化的推进，劳动力的跨国流动与大批难民、非法移民的涌入，使欧美国家低薪工人的就业机会与薪酬待遇受到严重挤压。同时，新自由主义的全球化加剧了发达国家产业空心化，大量工作机会流失，严重损害工薪阶层的权益。大批廉价劳动力的涌入加之产业外迁，使发达国家中低收入群体的生活雪上加霜。2008年全球金融危机的爆发为世界经济发展注入诸多不稳定因素，发达资本主义国家的危机应对表现以及危机后长时间的萧条，使人们开始对自20世纪80年代以来被奉为圭臬的新自由主义经济政策做出反思。逆全球化不是单一的问题或现象，无论是贸易保护主义的抬头，还是民粹主义的复兴都只是其中的一个侧面，而每一个侧面从根本上讲都体现着新自由主义经济失衡诱发的危机。

1. 新自由主义经济政策导致效率与公平的失衡

20世纪80年代以来，在西方经济出现滞胀而凯恩斯主义应对乏力之际，新自由主义打着反对国家干预的“市场原教旨主义”旗号，主张私有化、自由化、市场化。在撒切尔和里根的极力推崇下，伴随全球化的推进，新自由主义的影响力从西欧各国的学术团体、精英圈子向全球急剧扩张，逐渐成为资本主义社会的主流经济学。也是起始于此时，新自由主义成为资本主义的经济范式。新自由主义经济政策通过减税、赤字财政等政策应对经济停滞问题，通过实施紧缩的货币供给政策应对通货膨胀。这些政策在短时期内抑制了物价的上涨，使经济增长率有所提高，使以英国、美国为代表的西方资本主义国家走出经济滞胀的梦魇，新自由主义在西方经济发展中的主导地位得以确立。虽然新自由主义代替凯恩斯主义把资本主义从滞胀的漩涡中拉出来，但与之有关的噩梦并未结束，只是刚刚开始。21 世纪以来，尤其是全球金融危机爆发之后资本主义经济社会所呈现的一系列问题，使世界范围内对新自由主义批判的声音不绝于耳，新自由主义经济政策导致效率与公平失衡，引发资本主义社会广泛而深刻的危机，成为诱发当前逆全球化问题的“罪魁祸首”。

追求经济增长是新自由主义经济政策的首要目标。新自由主义经济政策在 20 世纪 80 年代以来遵循的发展逻辑是：若要创造出更多的财富并且在更大的范围内分配财富，就要加快增长，在必要情况下可以以加大不平等、增加贫困为代价实现增长的提速。新自由主义经济政策的发展目标与资本主义的发展方向空前一致。在 2008 年全球金融危机爆发之前的几十年里，世界经济以有史以来最快的速度扩张，部分原因在于货物、资本和民众的更大的行动自由，但它也在一定程度上使许多西方国家的社会结构受到“磨损”，全球金融危机暴露出新自由主义经济理论在公平与效率问题上的缺陷。

通常对资本主义的辩护从两个方面进行。第一，“效率”。资本主义一个最重要的特征就是其带动劳动生产率的提高，这是资本主义保持活力的源泉，不平等的存在是提高效率的一大推动力。第二，“延迟获利”。这表现在两个方面：一方面，在资本主义发展史上，劳动生产率的提高的确使社会取得前所未有的发展与进步，即使资本主义始终如一地保持其剥削的“品质”，但其社会成员中最贫困的部分人群的收入也在增加，购买力在增强，生活水平在提升，在此基础之上的资本主义在某种程度上使整体不平等的程度降低；另一个方面，即使此时的不平等是客观存在的，但经过一定时间之后，人们终将从不平等中获利。

这种对资本主义的辩护有一定的客观依据做支撑，然而不可否认的实际情况是，最贫困的社会成员在经济增长中获得的益处，远远不及特权阶层，尤其在新自由主义经济范式确立之后，不平等趋势日益明显。约瑟夫·斯蒂格利茨在为《大转型：我们时代的政治与经济起源》作序时曾指出，“在今天，任何有声望的知识分子都不会去支持这样一种看法，即市场本身就是有效率的，而不必去考虑它在公平上产生的后果”。为挽救不平等对经济增长的阻滞，新自由主义在解除管制、开放市场和私有化等方面采取了一系列举措，然而对经济金融化管制的放松却进一步推动经济金融化的扩张，从而造成更大的不平等与不公正。

新自由主义是当代资本主义经济金融化的指导思想。经济高度金融化导致实体经济与虚拟经济比例的严重失衡，导致日益严重的社会财富与收入分配危机，导致全球金融危机的爆发。资本逻辑是新自由主义经济模式的核心，也是资本主义社会危机爆发的重要原因。在危机之后，资本主义国家经济受到重创，之前在收入分配、人民生活等方面形成的相对均衡的局面被打破。在英国、美国等国家，新自由主义经济政策全面放松国家对经济的干预，并进一步对富人、企业减税，从而使这些国家再次陷入社会的分化与不平等之中。这一阶段，新自由主义在经济社会生活各方面的溃败成为不争的事实。

托马斯·皮凯蒂在对比1910—2010年美国的收入不平等状况时发现：前10%人群的收入占总收入的比重在20世纪70年代不足35%，而21世纪以后则上升到近50%；然而，前10%人群的收入比重自20世纪70年代以来的上升，基本可归因于前1%人群。总体上的高度不平等会降低穷人的收入增长速度，而对富人群体无影响，反而将这种不平等当作自身发展的利好因素，于是这种经由不平等的刺激而形成的增长方式进一步加剧这种不平等模式的固化。有关学者通过数据对比发现，富人通过各种方式游说政府出台有利于自己的政策，最终会对穷人的收入增长机会产生限制。正如大卫·哈维所言，新自由主义实际上是通过加剧不平等，进一步重建上层阶级的经济力量。

纵观资本主义的发展历程，其中蕴含的不平等趋势总体在增强。米歇尔·于松认为，新自由主义所倡导的全球化在带动全球经济发展、使国家间的不平等缩小之际，却使国内的不平等不断扩大。当前逆全球化问题的产生与新自由主义所倡导的全球化导致的全球失衡密切相关。新自由主义所倡导的全球化的不均衡发展使社会愈发形成鲜明的两极“分层”：从顶层来看，高度金融化促使金融收入得到大幅增长，上层精英群体获益最多；从底层来看，全球化的高速推进以及信息技术的发展与变革，促进全球性市场的形成以及劳动者技术水平的提高，劳动力市场的竞争增强，那些最优秀员工与在技能方面不如他们的员工之间存在巨大的工资差距。于是，这些处于底层的、文化与技术水平较低的民众日益成为社会发展的边缘群体，不仅受本国精英的压制，而且还要受外来移民的冲击，对全球化愈发不满。

全球金融危机之后，以美国为代表的发达资本主义国家的经历恰好反映出“新自由主义转向在某种程度上与经济精英力量的恢复或重建密切相关。”新自由主义的效率是资产阶级的效率，必然会带来社会不公。从根本上讲，新自由主义经济发展中效率与公平的失衡，加剧了资本主义社会广泛而深刻的结构性危机。危机借全球化扩散，使人们对新自由主义经济的不满转变为对全球化的反对，从而引发逆全球化问题的产生。

2. 新自由主义经济失衡展示出“自由”“民主”的伪善

“自由”“民主”是新自由主义意识形态的基本价值遵循，资本主义国家也热衷于对外宣扬其所谓的“自由”“民主”。20 世纪八九十年代，经济全球化在世界范围内快速推进。1990 年，以贸易自由化、国企私有化、金融自由化、利率市场化、放松政府管制为主要内容的“华盛顿共识”的达成，标志着全球化的新自由主义阶段的开启。20 世纪 80 年代以来，新自由主义所倡导的全球化在为世界经济发展带来机遇的同时，也使一些国家的经济遭遇危机，如 1994 年墨西哥金融危机、1997 年东南亚金融危机、1999 年巴西货币危机。尤其是 2008 年全球金融危机的爆发使更多研究与批判的焦点聚集到新自由主义所倡导的全球化引发的金融危机上。2008 年全球金融危机的爆发及其后资本主义国家深陷危机泥淖而复苏乏力的事实，是新自由主义经济失衡的体现，暴露出新自由主义经济理论与实践的缺陷。奉行“自由”“民主”原则的新自由主义经济的失衡展示出其伪善本质，并引起国际社会一系列逆全球化问题的出现。新自由主义的内在矛盾性体现在其总是假借“自由”“民主”之名行“遏制”“干涉”之实。

在《新自由主义与全球秩序》一书中，乔姆斯基对以美国主导推动的新自由主义是如何在经济、政治等领域渗透的相关问题展开批判。乔姆斯基认为，首先，新自由主义在经济上并不“自由”——它实行的是高度的垄断，并非其对外宣扬的自由。“市场规则只对你，不对我；除非‘游戏场’正好向着有利于我的方向发生偏斜，而这种偏斜在典型情况下是国家大规模干预的结果。”可以说，新自由主义对自由市场是极其虚伪的偏爱。其次，新自由主义在政治上并不“民主”——它推行强权政治，打着“民主”的旗号却从未停止其推行干涉、控制之实的步伐，通过“制造同意”控制民众思想。在这样一个“民主”的社会，“民众有权表示同意，除此之外就没有任何权利了”。

由此可见，新自由主义的制度与政策只是发达国家愚弄发展中国家、甚至愚弄本国普通民众的幌子。大量关于世界经济发展的史料记载都清晰地证明新自由主义所谓的“好制度”“好政策”并没有被发达国家切实地好好利用，发达国家擅长“宣传的是一套，但做的是另外一套”。卡尔·波兰尼通过对 20 世纪初资本主义的发展历史的梳理与分析，指出“发达工业国家在教导不那么发达的国家避开保护主义和政府补贴的邪恶，而另一方面，它们却并不怎么乐意向代表发展中国家比较具有优势的商品和服务开放市场，尽管它们强硬要求发展中国家开放自己的市场”。虽然波兰尼在触发世界体系崩溃、混乱的原因方面与马克思对资本主义经济危机爆发的原因分析并不一致，但他对资本主义宣扬的自由市场神话之伪善本质的论证与批判是深刻而中肯的。

新自由主义的机会主义主要体现在：新自由主义坚信市场和贸易的自由可以保障个人自由与社会福利，宣扬坚决捍卫民主，但当各种发展困境、经济失衡问题衍生出复杂的政治、社会问题时，新自由主义的积极倡导者大张旗鼓进行贸易保护，在难民危机面前罔顾道义与责任，采取以维护自身利益为先的保守主义。纵观资本主义的发展历史，表面高呼贸易自由化、市场化，实际上为保护本国经济采取各种形式的贸易保护主义，关税政策、国家干预是其惯用伎俩，而在其获得发展之后便“踢开梯子”，通过向贫穷的发展中国家鼓吹自由市场、自由贸易攫取更多发展红利，这是明显的“双重标准”。新自由主义所倡导的全球化虽然促进了全球资源的优化配置，促进了经济总体的发展，但这种经济增长与社会公平失衡之间的鸿沟极大加剧了资本主义国家内部的贫富分化，这也是美国作为曾经自由贸易的倡导者如今不顾国际责任公然实行贸易保护主义的一个重要原因。

3. 新自由主义经济失衡展现出“人道主义的自由主义”的虚伪

众所周知，美国和欧洲国家被称为移民国家，倡导开放与多元、提倡包容与平等是这些国家长期以来对外宣称的价值追求。美国人口普查局截至2016年年底的数据显示，美国移民人口已达4 370万人，占美国人口总数的13.5%，如果将移民二代也统计进去，这个人数达6 000万人，即每五个美国人中就有一位移民。欧洲的数据更为惊人，数据显示欧洲大城市50%的人口是来自世界各地的外来移民。

在美国的信念与价值取向中，“人道主义的自由主义”是自启蒙运动至今其理想信念的核心，尊重每一个人的尊严，坚决捍卫自由、平等、公平机会的权利等是其不言自喻的“共识”。这些“共识”被普遍认为构成美国的政治理想，美国就是基于这些理想与信念建立起来。欧洲在其历史上原本就有向外移民的传统，二战之后，受战争的影响，社会劳动力极其匮乏，欧洲各国的相关政策开始转向吸引移民的宽松的移民政策。从20世纪70年代开始，欧洲成为移民移入地。移民的大量涌入，极大地改变了移入国民众的种族、宗教信仰以及文化等的结构，为欧洲的多元文化主义奠定了坚实的社会基础。历史上和现实社会发展进程中，移民都对这些国家的发展做出了巨大贡献。

但是，新自由主义所倡导的全球化导致欧美国家产业空心化严重，不仅使大量工作岗位流失了，也强烈冲击了本国的福利保障。新自由主义所倡导的全球化在使跨国公司牟取暴利的同时，却没有让普通民众从中分得一杯羹。一时民怨四起，部分民众不仅仇视全球化，而且认为移民与难民的涌入将使他们的工作与福利条件变得更差，于是对此坚决反对。欧美国家以往捍卫并竭力推行的平等、自由、文化与文明多元发展的“人道主义的自由主义”的共识与现实的裂痕越来越深。

案例评析：

新自由主义经济政策不断加剧经济发展与社会运行中的不平等，造成国民人口中一个数量不容忽视的群体的边缘化，同时又导致越来越多的资本部门集中在某些地区与群体之中。

（节选改编自张超颖的《“逆全球化”的背后：新自由主义的危机及其批判》）

思政案例二

思政元素：

2017 年 7 月 14 日至 15 日，习近平总书记在全国金融工作会议上强调，“金融是国家重要的核心竞争力，金融安全是国家安全的重要组成部分，金融制度是经济社会发展中重要的基础性制度。必须加强党对金融工作的领导，坚持稳中求进工作总基调，遵循金融发展规律，紧紧围绕服务实体经济、防控金融风险、深化金融改革三项任务，创新和完善金融调控，健全现代金融企业制度，完善金融市场体系，推进构建现代金融监管框架，加快转变金融发展方式，健全金融法治，保障国家金融安全，促进经济和金融良性循环、健康发展”。

案例内容：

“金融活、经济活，金融稳、经济稳。”这一论断准确地阐明了金融对经济的影响。实际上，由于金融业务本身具有的巨大传染性、顺周期性和外部性，其风险不同于一般的商业活动，几次重大金融危机均延伸到经济领域，并进而延伸到社会领域，对国家治理产生了重大影响。从1929年美国大萧条到1997年亚洲金融危机，再到2008年美国次贷危机引发的全球金融危机，三次危机均发端于金融领域，对危机始发国的经济产生了持久影响，并在政治、军事等方面引起连锁反应。部分金融危机还对世界经济和政治格局产生重塑作用，推动了国际国内治理体系发生深刻变革。

1929年大萧条的影响主要有三个方面。一是由金融体系扩散至经济领域。在经历了长时期宽松的货币金融环境后，1929年，由于美联储政策转向，股价大幅下跌，银行遭到大规模挤兑并导致部分银行破产，负面影响迅速传导至经济领域，美国自此进入长达十年的经济萧条期。危机通过贸易渠道和金本位制迅速向其他国家扩散，欧美经济同步衰退。二是由经济危机引发政治军事动荡。危机所到之处掀起不同程度的政治动乱。大萧条促使资本主义国家寻求经济出路，加紧争夺国际市场，彼此矛盾更加激烈，最终德国、意大利、日本结成扩张集团向老牌资本主义帝国发起争夺殖民地的战争，第二次世界大战爆发。三是加速国际治理秩序调整。美国在第二次世界大战中完成全球霸主地位的确立，苏联利用资本主义世界大萧条的机遇一跃成第二大工业强国。大萧条及随后爆发的第二次世界大战使西方国家意识到维护国际经济体系稳定运行、促进国际争端和平有效解决、建立更紧密和更有约束性的多边合作组织的重要性。第二次世界大战后，在美国的主导下，确立了布雷顿森林体系，美元取代英镑成为国际货币体系的核心。世界银行、国际货币基金组织、西方七国集团首脑会议（G7）也相继成立，引领国际经济治理。

1997年亚洲金融危机的影响主要有三个方面。一是由金融市场震荡引发区域经济衰退。由汇率贬值引发金融市场混乱，股市动荡不稳，汇率、房价急剧下跌，银行出现倒闭合并，外资大规模撤逃，破坏经济发展环境。1998年，印度尼西亚、泰国、马来西亚、韩国的人均GDP分别下降了14.4%、11.6%、9.5%和7.5%。东南亚地区在1997年亚洲金融危机前的十年GDP年均增速为7.6%，在危机后的十年降至5.3%。二是由经济问题引发社会困境。亚洲多国失业率攀升，韩国从1996年的2.1%上升到1998年的7%，泰国从1996年的2.9%上升到1998年的4.4%，印度尼西亚从1996年的1.5%上升到1999年6.4%，马来西亚从1996年的0.9%上升到1999年的3.4%。与此同时，危机影响了亚洲多国政局。印度尼西亚出现动乱和游行，韩国出现反对失业的罢工，泰国公众抗议IMF的援助条件，在野党、反对党纷纷指责执政党，最终印度尼西亚、韩国和泰国均发生了政权更迭。三是促进区域经济格局变化。危机增强了亚洲国家和地区进行经济合作的共识，区域经济一体化进程明显加速。

2008 年全球金融危机的影响主要有三个方面。一是危机溢出效应不断放大。发端于住房抵押贷款的美国次贷危机，导致美国五大投资银行或倒闭或被收购或转型，仅 2008 年就有 25 家银行倒闭。美国 GDP 实际增速从 2007 年第四季度开始连续 8 个季度下滑，失业率攀升至 10%。危机通过贸易、资本流动等渠道迅速扩散。西方国家出台大规模救市和刺激政策，债务由私人部门向公共部门转化，金融危机开始向主权债务危机转化，世界发达经济体经济增速放缓。二是加强国际政治多极化趋势。在危机冲击下，美国爆发“占领华尔街”运动，国内矛盾激化，对外霸权进入收缩期；葡萄牙、意大利、爱尔兰、希腊、西班牙等国执政党相继下台，欧债危机考验欧盟的政治凝聚力；新兴经济体之间的政治经济合作更为紧密。三是加速国际经济力量转换。2010 年中国 GDP 超过日本成为全球第二大经济体，2011 年巴西超越英国成为全球第六大经济体。全球治理结构进入新的调整期，二十国集团领导人峰会应运而生，国际货币基金组织迈出改革步伐，金融稳定理事会成为促进金融监管及政策制定与执行的重要机构。

上述三次危机的扩散过程表明：金融稳定安全不仅事关经济社会平稳发展，还是国家安全的重要组成部分。随着金融创新、科技进步和全球化进程加快，金融市场的复杂程度更高，市场主体间的关联更紧密，一旦发生系统性金融风险，其传染性和危害性较之以往将更甚，应对也将更具挑战。

金融危机演变逻辑的共同点

没有一次金融危机是完全相同的，但通过深入分析可以发现，历次危机都有其内在的共同特点。每次危机都是从流动性过剩开始，连同宽松的监管环境，吸引大量资金进入股票市场和房地产行业，推高股价房价，积聚资产泡沫，而一旦出现紧缩货币、监管趋严等政策转向，则泡沫破裂、危机爆发。信贷紧缩和资产价格下跌使家庭和企业部门的融资难度及成本不断提高，进而造成社会需求下滑和家庭部门的信用恶化，形成金融和实体经济间的负反馈循环，导致长时间和深程度的经济衰退。这一演变过程的背后，本质是金融注入资金超过实体经济的增值能力，二者产生脱节。过度的信贷扩张导致资产泡沫，最终导致危机爆发并蔓延至实体经济。

金融衍生自实体经济，金融领域的问题在很大程度上反映了实体经济的结构性失衡。实体经济的结构性失衡导致金融领域资源错配和风险累积，为危机爆发埋下隐患。1929 年大萧条前，在以电力等为驱动的技术长周期推动下，美国经历了长时期经济繁荣。20 世纪 20 年代后期，美国的农业、煤炭、纺织、造船等传统行业逐步衰落，实体经济缺少新的发展动力，大量资金涌入金融市场，股票市场高位运行，信贷扩张刺激消费非理性增长，出现经济过热。在 1997 年亚洲金融危机前，东南亚国家的经济处于高速增长期，许多国家引进外资来解决资金不足的问题。而大量外资被用于公共建设和房地产，东南亚国家的工业制造水平和出口能力始终没有提高，经济增长方式没有实现由粗放型向集约型转变。外资投向不合理加剧了东南亚国家的产业结构问题，积聚了虚拟经济泡沫。美国次贷危机爆发前，以电子计算机、航天科技为驱动力的技术长周期进入末端，加之受到来自新兴市场国家的激烈竞争，美国制造业不断萎缩，缺少新的经济增长动力。为应对 2001 年互联网泡沫破灭及"9・11"事件对经济的不利影响，美国的金融货币环境宽松，特别是当时的信贷政策过于激进，将住房按揭贷款以高杠杆、低利率发放给并不具备长期还款能力的人，并将还款寄托于房价上涨，为信用风险与流动性风险的交叉发酵埋下隐患。

从上述分析可以看出，三次金融危机都肇始于实体经济效率降低、产业转型滞后、缺少新增长点。而政策制定者试图通过货币政策来扩大消费和投资需求，以解决技术驱动力弱化、产能过剩、产出不高等问题，使消费和投资超越实际支付能力和现实需要，制造了难以持续的虚假繁荣，导致债务扩张过快。这说明，经济基础的稳固与金融稳健息息相关。在实体经济不强、经济发展质量不高的背景下，如果通过货币政策过度刺激经济，可能会解决短期需求，但没有恢复实体经济和市场主体的活力，最终会集中反映在金融体系中，从而带来更大的风险。

过度宽松的货币环境是危机产生的直接原因，表现在以下两个方面：

一方面，过度负债埋下风险隐患。1929 年大萧条前，由于美联储降低贴现率，信用消费与分期付款快速增长，家庭债务激增，推动美国债务总额占 GDP 的比例从 1916 年的 170%上升到 1933 年的 300%。1997 年亚洲金融危机前，泰国和马来西亚的贷款余额占 GDP 的比例从 1990 年的 76.16%、62.01%分别上升到 1997 年的 120.21%、102.82%，贷款余额超过 GDP 总量。2008 年美国次贷危机前，在 2001 年至 2004 年，美联储连续 13 次降息，使信用消费急速增加，房地产市场过度膨胀，家庭债务从 2002 年的 8.5 万亿美元增长到 2007 年的 14 万亿美元。2009 年，美国债务总额占 GDP 的比例达到 370%。

另一方面，流动性过剩加速风险积聚。1929 年大萧条前，美联储采取宽松的货币政策，在 1921 年至 1927 年将贴现率逐步由 7%下调至 3. 5%。银行以低利率从美联储贴现借出资金并贷给经纪人，经纪人以更高的利率转借给投资者。在资金和杠杆的推动下，道琼斯指数从 1921 年的 75 点上升到 1929 年的 363 点，年均增长 21. 8%。1997 年亚洲金融危机前，日本实行的低利率政策给投机者以套利机会，资本大规模流动的背后是对冲基金的投机行为；东南亚国家的股票市场、外汇市场和房地产市场流入大量国际游资，抬高资产价格，制造大量泡沫。2008 年美国次贷危机前，美联储的低利率政策使得股票、房地产价格暴涨，大量套利投机的“候鸟美元”回流，进一步促进经济泡沫膨胀。可见，流动性过剩、举债过度、资产价格虚高、短期资本大量流动、银行呆账坏账快速增加等往往是危机发生的前奏，在经济高速增长过程中必须审慎对待信用扩张，高度警惕泡沫的滋生和蔓延。作为短期经济刺激措施的宽松货币政策不宜长时间使用。政府应密切关注市场状况，适时回归稳健中性的货币政策，为经济增长营造适宜的货币环境。

政策转向是危机产生的诱发因素

上述三次金融危机均是由政策转向引爆。1929 年大萧条前，为抑制股票市场的投机行为，美联储于 1928 年开始收紧货币政策，要求银行减少对入市资金放款并提高股票购买保证金比例，造成投资者的心理恐慌，股市崩盘，危机爆发。1997 年亚洲金融危机前，泰国政府在政策上陷入“不可能三角”，即无法在同一时间里协调好近乎固定的汇率、自由的资本流动和独立的货币政策，成为国际投机者的狙击对象。1997 年，以索罗斯为代表的国际投机者不断冲击泰铢。泰国政府在采取各种措施抵御无效后，放弃实行了 14 年之久的与美元挂钩的联系汇率制度。泰铢随之大幅贬值，金融危机由此爆发。2008 年美国次贷危机前，美联储为控制通货膨胀，在 2004 年至 2006 年连续 17 次加息，导致房贷利率上升。2006 年第四季度，美国次级抵押贷款不良率上升至 13%。2007 年 4 月，美国第二大次贷公司新世纪金融公司申请破产保护，次贷危机爆发。2008 年 9 月，雷曼兄弟由于暴露出与次贷危机相关的巨额亏损而破产，全球金融危机爆发。这说明，政策制定者应深化对金融规律和经济发展阶段的认识，准确把握政策目标和力度。

金融监管不到位是危机产生的潜在成因。首先，过于宽松的监管环境滋生风险。1929 年大萧条前，美国金融业没有金融立法、存款保险制度和现代中央银行制度；其商业银行同时经营存贷、证券经纪或自营业务；购买股票只需付 10%的保证金，市场中投机交易盛行。1997 年亚洲金融危机前，泰国于 1992 年取消资本市场管制，对短期国际游资监管不力给国际投机者提供了可乘之机。2008 年全球金融危机前，美国放松了对金融衍生品的监管和对投资银行的杠杆比率限制，对冲基金等影子银行游离于监管之外，这些监管薄弱和空白环节成为金融风险的重要来源。其次，监管权力分散影响危机应对。识别系统性风险、有效应对金融危机有赖于真实、完整的信息。2008 年全球金融危机前，美国采取“双重多头”的金融监管体制，导致各行业数据被分割，信息共享不充分，协调合作不畅，最终削弱了金融监管在风险控制方面应有的效果。此外，微观审慎监管难以确保金融体系整体稳定。2008 年之前，占据主流的微观审慎监管理论认为，只要对单个金融机构监管得当，确保其运营平稳，宏观金融体系就可以保持稳定。

案例评析：

金融风险的外部性使得个体理性可能导致集体非理性。因此，我们必须从总体上关注金融行业间以及金融与宏观经济的密切联系，把握好金融监管尺度，平衡好增强金融机构竞争力和防范金融风险之间的关系，建立逆周期的宏观审慎管理制度。

（节选改编自张文武的《全球性金融危机的演变逻辑》）

第十七章　经济全球化与世界经济新格局

思政案例一

思政元素：

2020 年 11 月 21 日，二十国集团（G20）领导人第 15 次峰会拉开帷幕。习近平总书记在北京以视频方式出席第一阶段会议并发表重要讲话。习近平总书记建议二十国集团在四个方面进一步发力：第一，构筑全球抗疫防火墙；第二，畅通世界经济运行脉络；第三，发挥数字经济的推动作用；第四，实现更加包容的发展。

案例内容：

巴里·布赞和乔治·劳森撰写的《全球转型：历史、现代性与国际关系的形成》一书提出了一个重要论断："原有世界格局中'中心'和'边缘'的界限逐渐模糊，以前处于边缘位置的一些国家，不是已经迎头赶上并加入了旧的中心，就是正在努力实现这一目标"。该书关于未来的核心观点是"中心-边缘"格局的改变。作者认为，19 世纪以来形成的"中心-边缘"的国际秩序正在崩塌。作者将 2008 年作为这一国际秩序崩塌的转折点，并从政治、法律、经济、军事和人口五个方面进行了分析。尽管中心国家和边缘国家的发展仍然不平衡，但不平衡现象正在减少。比如，在政治和法律领域，边缘国家包括一些半边缘国家正在打破边缘化格局，其在政府间国际组织中地位的上升及其内部的改革都促使其政治和法律水平与中心国家趋近。

在经济领域，中心国家和边缘国家之间存在着双向流动：资本和制成品流向边缘国家，而商品原料流向中心国家。尽管从本质上看这仍然是不平等的，但也给边缘国家带来了经济增长和贸易机会，使其有机会取得某些方面的发展。此外，中心国家的财政援助和边缘国家的经济革命也是破坏传统经济秩序的根本动力。在人口领域，移民数量激增，且流向大都是从边缘国家到中心国家，其给母国带来的经济效益巨大，同时边缘国家之间人口流动也呈上升趋势。国际秩序改变是国际力量对比改变的产物。促成这种改变的原因是大国发展势头的放缓和新兴国家发展势头的增强。随着美国实力的衰落，世界主要力量之间的实力差距发生着明显的变化。新兴国家的发展在经济贸易领域带来的驱动力是根本的，随之产生的在全球分工、全球治理、区域地缘政治博弈方面的驱动力也不可忽视。

全球化不再完全以传统强国为风向标，更多国际力量将通过新的发展模式逐步参与进来，以其独特方式进一步推动全球秩序的改变。随着中心国家和边缘国家在经济、政治、法律、军事等多领域差距的缩小，一种新的去中心的全球化形成。旧有国际政治经济包含的主体范围也将逐渐拓宽和改变，参与国际治理的力量格局也将有所改变。

如果去中心的全球化将成为新的全球化，那么新兴经济体的崛起无疑是促进去中心全球化形成与发展的重要甚至核心力量。这些新兴经济体以其在经济、政治、全球治理参与等方面日益增长的影响力，推动着去中心全球化向前发展。本文对新兴经济体的界定是以经济为主要指标并综合其他因素，其所包含的国家（地区）也是动态演化的。

早在 1978 年，经济合作与发展组织将 10 个国家（地区）列为“新兴工业化国家（地区）”，并在其 1979 年的报告中首次提出“新兴工业化经济体”概念。《经济学家》在 2006 年载文指出，快速增长的新兴市场有 32 个，并将“新兴经济体”分为两个梯队：第一梯队为中国、巴西、印度和俄罗斯；第二梯队为巴基斯坦、埃及、印度尼西亚、伊朗、韩国、菲律宾、墨西哥、孟加拉国、尼日利亚、土耳其、越南。2008 年全球金融危机之后，全球经济增幅约 78%来自新兴经济体。

从新兴经济体国内生产总值占全球国内生产总值的比重看，按购买力平价计算，新兴经济体国内生产总值占全球国内生产总值的比重由 2008 年的 48%上升至 2009 年的 51. 87%，首次超越发达经济体。从国际货币基金组织提供的数据看，2018—2019 年，新兴亚洲发展中国家继续对全球经济增长贡献一半以上份额。并且，巴西、中国和南非等主要新兴市场和发展中经济体的增长率也高于预测，保持强劲增长势头。从这些数据和趋势来看，以金砖国家为代表的新兴经济体为全球经济发展注入了新鲜的血液，它们对全球经济发展的助推给全球秩序变革带来了新动力。

一、经贸层面的驱动力

经贸层面的驱动力包括以下两个方面：

一是国际资本流动。资本的自由流动对国际经济的发展有着重要作用，其中最为关键的便是国际投资活动。在国际资本流动方面，随着新兴经济体的基础设施的完善，其对国际市场的包容度的提升，以及国内政策的推动，新兴经济体在国际投资目的地的投资份额正逐渐增大。金砖国家在对外投资方面，无论在海外直接投资中还是在跨国并购中都十分活跃。随着国际资本流动的加快，以及以金砖国家为代表的新兴经济体的活跃和投资的拓宽，一个崭新的国际投资格局正在形成。

二是贸易进出口。以金砖国家为代表的新兴经济体正在逐步驱动全球贸易格局的改变，其进出口贸易占比在总体上呈上升趋势。2010—2016 年，全球贸易平均增速为 4.2%，中国对外贸易平均增速高达 8.4%，印度为 7.3%，巴西为 3.7%，南非为 3.5%，而同期美国为 5.2%。根据联合国贸易和发展会议公布的数据，2018 年，以发展中国家为代表的新兴经济体的增长速率整体高于发达经济体。此外，2014—2018 年，新兴经济体在进出口贸易中一直处于顺差。两者的贸易地位已经开始发生实质性的改变。值得一提的是，金砖国家不仅保持着与外部的良性互动，其内部也建立了比较牢固的贸易联系，并且每个国家根据自身的国家优势有其特有的出口产业。如中国对巴西主要出口纺织品、钢材和液晶显示板等，对俄罗斯主要出口服装纺织品、鞋类、电话机、汽车等，对印度主要出口纺织品、钢材、自动数据处理设备、肥料、电话机和医药品等，对南非主要出口纺织品等。这使得新兴经济体在国际经济发展中能够彼此合作、优势互补。以金砖国家为代表的新兴经济体也在积极建立配套的贸易机制，如众多自由贸易区的设立将进一步促进区域跨国贸易的发展。区域贸易也成为新兴经济体影响贸易格局的主要方式，比如中国已与瑞士、新加坡、巴基斯坦、澳大利亚、新西兰、韩国、秘鲁、智利、冰岛等国家和地区开展了双边自贸区谈判。新兴经济体以促进发展为导向积极建设自贸区，这实际上将会极大地改变全球贸易格局和贸易进出流向。新兴经济体通过进出口商品贸易发展以及自贸区建设等，在世界贸易格局中的消极被动局面有了明显改变；传统大国在贸易格局中的拉动作用逐渐变弱。

二、国际分工层面的驱动力

国际分工格局有明显的“中心-边缘”界限，而且这个界限长期存在。20世纪80年代以来，随着跨国公司全球网络的逐步建立，企业社会性分工以前所未有的速度成为国际分工新格局，并且这种国际分工新格局又以产品内分工为典型表现形式。

生产越来越精细化，产业的分工不再是对生产的成品的分工，而是细化到产品内部每一个环节，如设计、制造、销售的分工。这便形成了发达国家掌握核心技术要件，发展中国家（地区）被固定在外围并处于价值链底端的分工格局。但是随着新兴经济体的发展，这一局面也在逐渐改变，中心与边缘的界限在各方主体的博弈之中逐渐模糊。在产业分工中处于劣势地位的部分发展中国家（地区）顺势而行，利用此种分工，实现产业升级转移。比较典型的是以“亚洲四小龙”为代表的第一代新兴工业化国家（地区）。它们积极承接发达国家的产业转移，利用自身优势参与国际分工，之后在国际分工中的地位不断提升，实现了从劳动密集型轻工业到资本密集型重化工业再到技术密集型高新技术产业的逐步升级和转型。罗伯特·库普曼等将一国出口总值分解为国内增加值、国外增加值及重复计算部分来衡量一国的国际分工地位。金砖国家在全球价值链体系中的地位逐渐上升，而且发展势头较好，原因在于金砖国家利用经济全球化的历史机遇积极参与国际分工，不断升级产业结构。这种顺势而为其实也体现了国际产业管理模式升级的重要作用，跨国公司成为全球生产和贸易的重要主体，这种以利润和发展为导向的机制在全球市场中得以大展拳脚。新兴经济体通过学习处于比自身价值链位阶更高的经济体的技术和管理等，为改变所处地位创造了条件，并冲击了旧的分工秩序。

三、全球治理层面的驱动力

全球治理层面的驱动力包括以下两个方面：

一是新兴经济体参与全球治理途径的多样化。以金砖国家为代表的新兴经济体正通过多种渠道参与全球治理，其参与的广度在拓宽，深度在加深，体现出参与领域和参与途径的多样化。就同一全球问题而言，新兴经济体可以通过多种平台参与治理，如面对新型冠状病毒肺炎疫情，金砖国家以及世界卫生组织（WHO）都组织人力和物力，调动所能调动的资源等来突破疫情难关，加强全球公共卫生共治。同时，参与国际事务的主体范围不断拓宽，包括主权国家在内的政府间国际组织、跨国公司和跨国投资者等都在全球治理中贡献了力量。主体的多元化也为新兴经济体参与全球治理拓展了新的途径。

二是新兴经济体参与全球治理的话语权提升。随着新兴经济体不断在经济贸易、国内治理、国家综合发展方面取得成绩，打破全球秩序的不公平和不平等、加速提升本国参与全球治理的话语权也成为其重要选择。新兴经济体提升其在全球治理领域的话语权不仅是出于其自身利益，更是时代的需求。2009 年 9 月，二十国集团领导人第三次金融峰会在美国匹兹堡举行。会上，各国首脑同意对国际货币基金组织中各国的投票权分配进行改革：从发达国家的份额中拿出 5%分配给新兴国家，使得二者的投票权份额比达到 52∶48。国际货币基金组织和世界银行也承诺对股权和投票权进行有利于新兴经济体的改革。新兴经济体由于在全球贸易、国际援助、全球治理领域的参与度的提高，其在全球共商共治中的决策权比重也逐渐提高。投票权的变化本质上是话语权的变化，而新兴经济体的话语权的提升可以进一步推进全球治理，实现真正意义上的共商共治。

四、地缘政治层面的驱动力

地缘政治层面的驱动力包括以下两个方面：

一是新兴经济体对话机制的构建。从区域发展的角度来看，新兴经济体重视各种合作机制的构建，这些合作机制为经济、贸易和技术的发展与流动提供了基础空间。如 2013 年中国提出“一带一路”倡议。“一带一路”倡议不仅打破了中亚地区长期封闭的地理局限，也给欧洲等其他地区的贸易发展和国际产能合作带来了新的可能。而金砖国家已经在经济、政治、贸易、安全、文化旅游和智库等多个方面展开了合作，这对新兴经济体的共同发展起到了催化剂作用。这些机制都将成为新兴经济体合作的重要手段。

二是对地缘政治产生了新的影响。全球地缘政治格局的组成核心是力量结构。大国兴衰与大国地缘战略关系的质变是全球地缘政治格局演变的根本原因。新兴经济体加强区域联系也意味着强化发展的安全性和保障性。在新兴经济体之间努力加强区域联系促进本国经济发展、提高本国地缘战略水平的同时，新兴经济体周围的地缘政治格局也随之改变。区域的连接将扩大区域内各国的影响力。

案例评析：

经济贸易方面的驱动力是根本性的，而以经济贸易为核心派生出的国际分工、全球治理、地缘政治方面的驱动力也十分重要。以金砖国家为代表的新兴经济体对“中心-外围”格局的冲击实际上反映的是以经济发展为推动力的全球秩序的进化与演变。

（节选改编自李佳和徐鹏博的《论新兴经济体对去中心全球化的驱动力》）

思政案例二

思政元素：

2018年12月2日，在阿根廷，习近平主席指出，双方要以未来5年两国政府共同行动计划为纲领，在共建“一带一路”框架内加强沟通和合作，对接两国发展规划，统筹推进各层次各领域交流合作。1天后，在巴拿马，习近平主席提到，双方政治互信日益深化，以共建“一带一路”为牵引，各领域交往合作快速发展，成效显著。

案例内容：

“一带一路”倡议提出之初，拉美国家便表现出强烈的参与兴趣。2017年5月，习近平同时任阿根廷总统毛里西奥·马克里在“一带一路”国际合作高峰论坛（简称“高峰论坛”）期间强调“拉美是21世纪海上丝绸之路的自然延伸”。2017年11月，习近平会见时任巴拿马总统胡安·卡洛斯·巴雷拉时表示拉美是“一带一路”建设不可或缺的重要参与方。2018年1月，中国-拉共体拉论坛第二届部长级会议通过了《关于“一带一路”倡议的特别声明》，中拉正式开启共建“一带一路”新阶段。

一、研究内容

自2013年“一带一路”倡议提出后，拉美智库学者似乎并不太关注中国发起该倡议的动因，而将其视为一种已知存在，并基于本国核心利益，从拉美和全球发展角度分析“一带一路”倡议之于拉美的价值、机遇和挑战。

首先，“一带一路”倡议为世界体系“外围”的拉美带来机遇。阿根廷拉普拉塔国立大学政治经济研究中心研究员胡安·塞瓦斯蒂安·舒尔茨认为：“一带一路”倡议在各大洲互联互通的基础上打造了一个新架构；该倡议建立在生产和劳动基础上，是包容性和尊重主权的计划，反对社会排斥和经济依赖；欧洲、拉丁美洲和非洲国家都能在此倡议中受益。秘鲁太平洋大学中国和亚太研究中心主任罗萨里奥·加德亚表示，“一带一路”已成为全球最重要的综合性区域一体化开发倡议。秘鲁智库发展分析小组首席研究员米格尔·贾拉米略认为，“一带一路”倡议可以和秘鲁的发展战略进行对接。

其次，拉美国家参与“一带一路”倡议能释放其在贸易、金融、基础设施等领域的发展潜力。“一带一路”倡议聚焦发展，以促进基础设施建设和互联互通为核心内容，同拉美国家的发展战略“不谋而合”。巴巴多斯西印度大学凯夫希尔分校社会经济研究所所长马歇尔认为：“一带一路”倡议在加勒比地区的经济发展中发挥了越来越重要的作用；“一带一路”倡议有着宏大而广泛的目标，有利于促进加勒比地区投融资和工业发展，帮助加勒比地区改进产业发展相对单一、互联互通水平和工业化水平落后的现状。加勒比货币金融研究中心主任德莱尔·沃雷尔指出，中国经济的成功将为加勒比国家的经济繁荣做出贡献。巴西圣保罗企业管理学院（FGV）的夏华声教授表示，“一带一路”框架内的许多项目都聚焦基础设施建设，可以帮助创造一个更加良好的营商环境，降低区域内的物流成本，提升所覆盖人口的生活水平，让更多发展中国家和地区的民众能够享受到全球化带来的生活便利。

最后，重视和中国的合作、借鉴中国发展经验，维护中国和拉美国家关系稳定。新冠肺炎疫情成为 2020 年冲击全球政治经济的最大“黑天鹅”，拉美多国医疗卫生体系面临巨大压力，经济前景暗淡。全球疫情蔓延呼唤人类卫生健康命运共同体。国家层面的“政策沟通”和智库层面的“民心沟通”有利于拉近中国和拉美国家之间的距离。中国率先启动全民抗疫，在本土实现对病毒的基本控制。巴西传染病学会专家埃利安娜·比库多认为，中国的疫情防控形势持续向好，为其他国家疫情防控提供了借鉴，值得国际社会学习。巴西利亚联邦区长官伊巴内斯·罗沙表示，中国努力遏制疫情传播，积极与其他国家开展抗疫合作，展现出卓越的能力。秘鲁、萨尔瓦多、哥斯达黎加等国卫生部门也同中国专家视频连线，学习中国在新冠肺炎疫情防控、应急医院建设、患者治疗等方面的经验。2020 年 3 月 21 日，107 位巴西智库学者联合发出声明，感谢中国为抗击新冠肺炎疫情所做出的努力，表达对中国人民的敬意。

二、研究成果及传播

越来越多的拉美国家及其智库开始关注中国和拉美共建“一带一路”所带来的机遇与挑战。拉美国家的智库学者对“一带一路”的研究以专著、学术论文、研究报告、时评等形式展现，拉美国家政府机构和智库则通过举办论坛和研讨会的形式加强学术交流和成果推介。

首先，研究报告成为最主要的成果传播形式。拉美国家的智库学者撰写研究报告后会第一时间利用网站向社会推介，一些学者还会使用自媒体和新媒体进行转发。乌拉圭国际关系委员会（CURI）于2019年9月发布分析报告《“一带一路”到达拉美及加勒比：机遇与挑战》，对“一带一路”倡议进行介绍，认为该倡议对拉美来说既是机遇也是挑战。2018年，巴西最大独立智库——巴西国家问题研究中心（CEBRI）发布报告，其中提及，巴西应该积极向“一带一路”倡议靠拢，基于巴西长远利益，利用该倡议促进巴西的基础设施建设和促进农业可持续发展。

其次，长期关注中国的拉美学者已经开始参与出版关于“一带一路”的专著。2018年，巴拿马运河管理局经济学家埃迪埃·塔皮埃罗出版专著《丝绸之路与巴拿马》。该书认为“一带一路”倡议是全人类共同的机遇。

最后，各类研讨会成为智库学者交流中国和拉美国家共建“一带一路”经验的平台。2019年4月25日，驻巴西大使杨万明应邀出席由巴西农牧业联合会举办的中巴农业合作研讨会开幕式并发表题为《加强“一带一路”合作，推动中巴农业合作联动发展》的演讲。2019年6月28日，墨西哥国立自治大学亚非倡议发起人阿莉西亚·希龙主持召开“中国及其‘一带一路’倡议”国际研讨会，将拉美地区和非洲地区参与中国“一带一路”倡议的情况进行了对比，分析了各自面临的机遇与挑战。

三、存在的问题

尽管中国和拉美国家开启共建“一带一路”的时间不长，但拉美国家的智库对“一带一路”倡议的关注和研究已初具规模。然而，受拉美国家的智库学者的研究偏好、中国和拉美国家“一带一路”合作项目实施以及地缘政治经济等因素的制约，拉美国家的智库对“一带一路”的研究还存在一些问题。

一是拉美智库和智库学者在拥抱“一带一路”倡议的同时，仍心存疑虑，甚至出现“两面派”。由于“一带一路”倡议多涉及基础设施建设，且需要投入巨额资金，因此有部分学者担心因参与该倡议有关活动造成拉美国家债务负担增加。波多黎各学者里卡多·巴里奥斯认为，互联互通并未改变以采掘业和大宗商品为重心的中拉商贸关系。同时，对（中国在拉美工程项目长期存在的）环境上的担忧以及对当地社区权利的关切也依然存在。乌拉圭国际关系委员会（CURI）在《“一带一路”到达拉美及加勒比：机遇与挑战》报告中将拉美地区普遍遇到的“再初级产品化”倾向同中国相连，认为中拉之间存在新的“中心-边缘”发展模式。这些论断虽过于片面，但也反映出当前拉美智库学者对参与“一带一路”倡议的认知并不完全一致。

二是拉美国家的智库的“一带一路”倡议研究队伍呈现出高度集中性。这主要体现在两个方面。首先，并非所有拉美国家的智库都对“一带一路”倡议给予关注，个别已同中国签订“一带一路”合作文件的国家甚至没有智库对这一倡议进行研究。其次，智库中研究“一带一路”倡议的学者较为集中。此外，拉美国家的智库中研究“一带一路”倡议的学者或为华裔，或在中国获得学位，或参与了中国举办的各类培训班和培训项目。

三是拉美国家的智库的“一带一路”研究领域较为狭窄。根据第二份《中国对拉美和加勒比政策文件》，双方在政治、经贸、社会、人文、国际协作、和平安全司法六大领域深入推进合作，即应该覆盖政策沟通、设施联通、贸易畅通、资金融通、民心相通五方面的内容。但是，当前拉美国家的智库的有关“一带一路”的研究对象均以贸易、金融和基础设施建设等经贸务实合作为主，对政策沟通和民心相通的研究较少。这样的结果就是智库在中国和拉美国家“一带一路”合作中所起到的建言献策作用还不明显。

案例评析：

作为重要的咨政渠道和学术研究平台，智库越来越受到拉美各国政府、政党、非政府团体的广泛关注。经过半个多世纪的发展，拉美智库在研究能力、研究内容和影响力方面均实现了突破，拉美智库关于中国的研究力量不断增强。

（节选改编自王飞和胡薇的《中国-拉美共建“一带一路”的现状、问题与启示——基于智库研究视角》）